獻給新世代的女性

夏　雨　雪

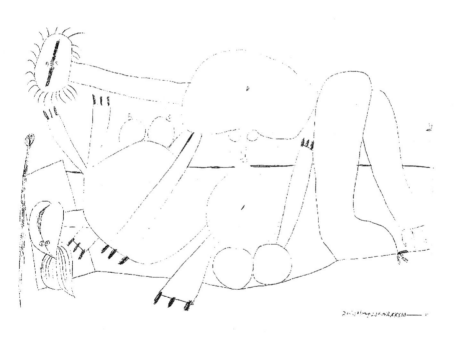

文史哲出版社印行

國家圖書館出版品預行編目資料

夏雨雪 / 呂建春著. -- 初版. - 臺北市：文史
哲，民 93
　　面： 公分. -- (文史哲詩叢；62)
　　ISBN 957-549-553-5 (平裝)

851.486　　　　　　　　　　　　93005556

文 史 哲 詩 叢　㉒

夏　雨　雪

著　　者：呂　　　建　　　春
出 版 者：文　史　哲　出　版　社
　　　　　http://www.lapen.com.tw
登記證字號：行政院新聞局版臺業字五三三七號
發 行 人：彭　　　正　　　雄
發 行 所：文　史　哲　出　版　社
印 刷 者：文　史　哲　出　版　社
　　　　　臺北市羅斯福路一段七十二巷四號
　　　　　郵政劃撥帳號：一六一八〇一七五
　　　　　電話886-2-23511028・傳真886-2-23965656

實價新臺幣二二〇元

中華民國九十三年(2004) 四月初版

冰夕之序

　　詩本屬文學裡的小眾文化，也是長久以來囿於出版商們不被看好的邊緣地帶。然而要以，非主流的詩，出上一本結合情詩與情色詩各半的詩集。詩人的勇氣，自是不可不謂有膽識且有見地的規劃出了自己，逢遇人生每一階段性的成長歷程，點滴記錄下來。並蒐羅於自己所衷愛的詩集裡，臻至夢想逐一的落成。

　　這本欲沸騰文字高熱的《夏雨雪》詩集，是迥然異於詩人前一本《山無陵》詩集裡，以政治社會詩為出發點的另一項挑戰。無獨有偶的，令人費解的是…，我想，讀者們都不難發現，在這一本本詩集名稱裡。詩人本身都沿用上了，同樣是以膾炙人口且深銘各大詩人，情有獨衷的，引自漢樂府《上邪》裡的『上邪，我欲與君相知，長命無絕衰。山無陵，江水為竭，冬雷震震夏雨雪，天地合，乃敢與君絕！』耳熟能詳的詩句，為詩人詩集名稱的雛型，一如虛線相銜而形成的清晰輪廓。更如林燿德、陳義芝、曾淑美、林群盛、遲鈍等人，都曾追隨於側，綴字成詩的絕唱。追隨並謳歌，這首《上邪》詩裡，其背景處於文風保守的時代，欲掙脫傳統禮教的束縛。且以第一人稱訴說女性，純然真摯的口吻來陳明心跡；並抗衡有如天地萬物崩於前，仍不為所動的堅石信念而發聲的誓詞。作為詩人每次集結成冊的征前，一再聲明有如《上邪》裡疾呼純愛的心跡裸呈是本著一顆坦率、熱忱的詩心，宣告諸位。

如上述所言《夏雨雪》詩集，隱含著詩人滿腔飽漲如山雨欲焚的浩蕩氣勢襲來。雖時有傾於愛慾之氾，挑以香豔文字的節奏呼息，並撩以原始感官的逗引如妖嬈水蛇般媚態字眼屢屢仆起，如＜子夜歌 四＞裡，「*夜君臨大地／所有的生靈屏息*」、「*親吻我濃雲密佈的山巒／你的手暗暗滑到山谷／我的陰蒂挺向你的嘴*」、「*透過夜色翻轉的森林／你眼光灼灼所及／水仙花蕾綻開／挺身在你發亮的眼中*」中，大膽採用女性，主動翻身反撲的言語架構，而主導著詩體的取向於前。於斯，不僅僅是坦露帷幔內的男女情事，更是女性逐漸擠身，政治經濟文化各階層角落的齊頭並進，大幅掘起女性過去一向處於被動的意識形態甦醒。

猶似詩人切中要害的，集過去寫政治社會詩的經驗下，反應出實事一針見血的記錄筆下，名噪海內外一時的＜美鳳穿過針孔穿過美縫＞截錄如下：

> *望子成龍一張床*
> *一張床沒有月色黑夜*
> *有人埋頭默默苦幹*
> *辛勤的工蜂到處採蜜*
>
> *望女成鳳一張床*
> *換過多少床單白白*
> *有人展翅高飛*
> *高舉的雙腿朝向天空*
> *劈開勝利的手勢*

犀利的比對出麻雀變鳳凰政治版，並適時反映出功利主義下的社會狀態結合詩裡呈現於閱者。

又如＜進化的現場＞以精簡厄要的短短二行，洞察出飲食男女的現場寫下：

一個溫暖潮溼的洞
一團急促喘息的火焰

同時有窺於藏身陰暗處，悖逆有如兄弟情義的內視鏡。富饒警語的預設出，一時耽於享樂的因果輪迴裡而顯微特寫。一如＜留下空巢，鳥一去不返＞雖詩中有著過於散文化陳敘的結構未臻冷凝的疏漏，但就原創構思上，全篇讀來卻縷縷閃見動容之處。截錄如下：

晚上我把未亡人
帶到一家小旅館樓上
裙子裡什麼也沒穿
像野狼機車發動引擎
噴吐著音爆衝撞
我又回到年輕氣盛

喉嚨冒煙出火
機關槍一般操著
乳頭像子彈
汗水流過滾燙的濠溝
她瘋狂呻吟
我感到火燄燙傷的痛

黑夜有了一個缺口
想像自己的葬禮那一天

所有的朋友都到齊
其中有一位
會殷勤慰問我妻子的晚上

把所有的淚水都留下
深挖的泥土很濕
我像掘自己的墳一樣
找不到一隻白蝴蝶

當然也有，縱是再驕傲縱橫政、商、戰場權威的昂昂七尺之軀。也會逢遇似水柔情的散發出母性光輝般愛人跟前，臣服於溫順的收攏傲氣。全詩如下：
等待的時刻
淚水搖搖晃晃
在鏡子面前
蠟燭的心事灼灼燒燃

密閉的門開啓
掀起一陣風
吹熄燭火
火焰留在淚水的眼中

然而這本，尤以詩人本身善於經營意象爲主的詩集。同樣有著不或缺的勾勒以帷幔後，幽微男女情事間的一幕幕情懷，輕掀青春的柔美輪廓。一如，芬芳香甜的＜思念的日子＞裡，「使我臉龐煥發／思念的日子／春風輕輕拂過／草木的清香／閉上眼睛就能感覺／野花開遍方圓數里」、「日子

像釀酒的李子／散發醉人的香味」以閉上眼，即能聞嗅芬芳的回想，繼而承接出日子像釀酒的李子，來品嚐思念，甘醇溫馨的畫面展現於讀者眼前。

總之，這本蘊含世間男女交織有如四季各色風貌的春之喜悅、秋之將暮的臨眸一瞥，而運行於宇宙間生生不息的投影片下。當珍愛自己所選的此際，活在人生無限希望的陽光裡。 僅以此序文結語，與共勉筆者。

　　　　　　冰夕 寫於風城 Mar23`2004

自序　　<u>1/26/2003</u>

　　我一直到三十歲後開了竅，才動筆寫情色詩，自以爲寫下了最「色」的艷詩，強烈刺激的意象和暗示，色質的濃度應是詩壇之最。在量的方面，超過四十首的情色詩，也不比別人遜「色」。投稿過詩刊和雜誌，自認可以獲得讀者的欣賞，增加詩刊雜誌的銷售。然而屢試不成，好像編輯都不願採用這種偏方來解救奄奄一息的詩市場。

　　本詩集共有九十多首詩作，情詩和情色詩各一半，其中又各有一半是以女性口吻發聲的，可視爲男人解放女人情欲的作品，和兩性身體最新的對話錄。我的異性書寫假扮女聲，替女人述說心境，基調上是浪漫歡愉的，卻局限於愛情和情欲，比起江文瑜關注女性的身體，自有不如。更不免陷入蔡秀菊＜致情色詩人＞的譏諷：

　　　　患了詩冷感的情色詩人／藉詩偷渡煽情／
　　　　滿足短暫的性幻想

　　然而我的詩作，比女詩人作品更婉約陰柔、更纖細入微，也可打破一般人的性別偏見，顛覆陰柔陽剛的固定思維。希望這本最香艷火紅、異性書寫的情色詩集，能像當年席慕蓉的詩集大賣一樣，再創新詩暢銷的佳績。

自序　<u>1/30/2004</u>

　　2002 年自費出版了詩集《山無陵》，曾寄給各詩刊主編，也在詩刊和網站上發布消息，卻沒能賣掉幾本。現已全部收回，堆放在臺北親戚家中，待有假期返臺時，再分送給親朋詩友。詩集《夏雨雪》也一直找不著出版社出錢贊助，遂打消出版的念頭，於 2003 年十月貼在喜菡文學網文學論壇和野葡萄詩網＜呂建春書房＞。也在網上貼出求序啓事，希望詩友能對詩集留言批評，以便彙編成序，立下一個眾聲喧嘩，網路詩序的創舉。然而反應十分冷淡，只好作罷。

　　近日手邊有些閒錢可以揮霍，又興起自費出版之念。遂著手修訂全集，刪除淘汰一些舊作，而敝帚自珍之心猶存，未能大刀闊斧。另將 2003 年寫的十多首情詩，和幾首情詩舊作，一併收入集中，詩作大致上按寫作的日期排列。詩網站仍存有詩集的原貌和修改的痕跡。

　　集中有幾首詩的靈感，來自詩友冰夕的詩作。冰夕和我一樣偏愛情詩，爲此詩集寫序，生姿生色增添光彩，也算立下了新生代爲老一代寫序的創舉。

目錄

冰夕之序

自序

1 閨思　　1

2 閨思　　2　　　　　　　　　葡萄園詩刊 145 期，2000 年 2 月

3 難為水

4 雪意

5 冬夜懷人

6 洞房花燭夜　　1-2

8 星星滴下清響

9 露水濕亮的早春

11 四時子夜歌

14 進化的現場　　　　　　　　台灣詩學季刊 32 期，2000 年 9 月

15 男女情事

16 子夜歌　1-15

38 西瓜太陽和鳳梨月亮

39 在白色的夢中　　　　　　　藍星詩學 4 期，1999 年 12 月

40 從春天的感覺出發　1-3

44 桃花村　1-3

48 女夢

49 秋夜懷人

51 你的愛

53 飲食男女 1

54 飲食男女 2　　　　　　　　壹詩歌芭辣詩歌網路大賞 2003 年

55 風從春的窗口吹　　1-2

59 四處流傳的往事

60 玫瑰心事　　1-2

62　春心　　　1-3

67　春風吹過來　　　1-3

70　島嶼之歌

72　月光往事　　　1-2

74　誰家王笛暗飛昇

75　撲火的飛蛾

77　小蛇游走在眼睛裡

79　速食快餐

80　糾纏

81　漫聽雨聲

82　春光閃爍的身心

83　秋意紛飛的時候

84　夜的節奏

86　春光放縱野火

87　露水夜色

88　等待夢寐

89　春河

90　留下空巢，鳥一去不返

92　春天的來臨不可收拾

93　朝辭白帝彩雲間

94　懷念杜鵑的心事

96　旋律般的山巒翠綠

97　美鳳穿過針孔穿過美縫

99　月色沖洗的夢境

101　歡樂磨損的夜色　　　1-2　　　喜菡文學網完全報第六期

103　鄉間竹枝謠

105　這城市像個啥　1-2

109 玫瑰花瓣

110 月光迷失的往事

112 月光的歌謠

113 月光啊大海

114 一朵荷花開在東方

115 鳳凰花枝

117 魔鏡魔鏡

119 冰夕　　　　　　　1-2

121 思念的日子

122 曾伴彩雲歸

123 深夜在肚臍陷落

124 家貓

126 思念翻滾的濤聲

129 心思飄浮遙遠的夏日

131 月光月光

133 秋意跌宕蜿蜒的時光

135 晨光拆閱的情歌

136 春夢手記

138 天堂之歌

140 如果春光還能留下

142 春天之歌

144 變調的春天

145 春夜不眠的人知道

附錄：

異性書寫：從閨怨詩到情色詩

意象間距的探討　　　台灣詩學季刊 36 期，2001 年 9 月

閨思

一

妝鏡空映著曉寒
你望穿窗櫺
眼睛漫浮著春雨天空
小徑上青草蔓蔓
花瓣掉落一地胭脂
濛濛濕意再過去
雨絲淋亂了一片山影

走入綿綿春雨
走過桃花掉落的花瓣
我的腳跟沾著鄉泥
鄉泥混著花香
意緒溼濛濛一片
走過思憶連天的芳草
走入雨絲淋亂的山影

附記：將第一段的「你」改成「我」，第二段的「我」改成
　　　「你」，則變成女性發聲了。

春思　　　李白
燕草如碧絲。秦桑低綠枝。當君懷歸日。是妾斷腸時。
春風不相識。何事入羅幃。

閨思

雞聲啼破春夢時
朝陽照亮遠山青峰
他的面前是
金光閃閃的大道
通往長安

長安飛回雁子時
明月照亮窗前垂柳
我的眼前是
深閨閉鎖的秋夜
通往夢鄉

清平樂　　黃庭堅
春歸何處　寂寞無行路
若有人知春去處　喚取歸來同住

春無蹤跡誰知　除非問取黃鸝
百囀無人能解　因風飛過薔薇

2

難為水

我們隨雪花溶去
水漲溪河

泡沫喧嘩的水溫愈來愈暖
石頭一翻身
水聲晃亮的浪花湧過山谷

只有花香能了解
芳草青青在兩岸

愈寬愈廣的河床行經曠野
風攤開手掌
落花心事的水聲愈來愈暗

到大海
我們留下了眼淚

喜菡文學網 e 詩集第六號 2003/09/01

雪意

讓你感覺寒涼寂寞
我是南歸的雪悄悄
在窗面上默默結晶
覷你靜靜撥弄松枝
火星飛揚燃化的聲音
是翻身的松枝釋放
釋放春天收集的蟲聲鳥聲

讓你獨自回憶出神
我是南歸的雪寞寞
夜融化在霧氣窗上
你纖纖的手指畫出
一條路細細通往春天
你凝眸的瞳子看清
星星紛紛掉落在雪花路上

冬夜懷人

霜骨的月光愈走愈深
數千里落葉漂泊
我走入你思念的眼中
地球入夢後
走向星星的故鄉

你在雪花飄落的故鄉
滿山紅葉焚燒後
露水的回憶撥點我撥點
灰燼中靜靜
欲明欲滅的星

欲明欲滅的星
灰燼中靜靜
露水的回憶撥點我撥點
滿山紅葉焚燒後
你在雪花飄落的故鄉

走向星星的故鄉
地球入夢後
我走入你思念的眼中
數千里落葉漂泊
霜骨的月光愈走愈深

1980

洞房花燭夜

一

等待的時刻
淚水搖搖晃晃
在鏡子面前
蠟燭的心事灼灼燒燃

密閉的門開啓
掀起一陣風
吹熄燭火
火焰留在淚水的眼中

3/16/1985

近試上張水部　　　　　朱慶餘
洞房昨夜停紅燭
待曉堂前拜舅姑
妝罷低聲問夫婿
畫眉深淺入時無

朱詩去頭去尾，遂成五言情色詩：
洞房昨夜停　待曉堂前拜　低聲問夫婿　深淺入時無

6

洞房花燭夜

二

東風沒有來由
深閨閉鎖
緊緊的一扇門
關住春光所有的思念
夜色深濃得化不開

一夜東風急匆匆
我的鑰匙
插入你的鎖孔
一片白白的相思釋放
在星空中稀釋黑暗

8/24/1999

謎語：「新娘脫褲」，猜一字。謎底：窺，夫見穴也。

和你和我和蠟燭　　　洛夫
用我的鑰匙／開你的房門／用你的火／點我的蠟燭／
蠟燭，摟著夜餵奶／夜胖了／而蠟燭在瘦下去／
再瘦，也沒有我自你房中退出／那麼瘦

星星滴下清響

星星滴下清響
當露水凝滿花香
眼睛凝滿了月
我卸下衣物
讓風拂過雙乳
讓髮絲將夜飄揚
花蕊碩大明亮
雙股搖晃著
肌膚四溢的月光
抖顫地像兩杯相碰的
牛奶滿溢

3/20/1986

露水濕亮的早春

露水濕亮的早春
當我悄然離去
不必種植青松蒼蒼
和鬱鬱的杜鵑
當水牛犁過田野
我躺在嘉南平原
有如一粒種子默默
等待發芽生根

像輕快的小溪流水
有隻白蝴蝶翩翩
飛舞一片菜花黃
和你紫緞的小髮髻
會有一隻黃鶯啼鳴
在柳絲碧綠的水塘
燦亮水面春光
和你凝望天空的眼睛

會是一隻白鷺鷥
飛越廣碩的嘉南平原
帶著你遙望的視線
綿綿青山中不知所終
當我走出自己的軀體
會是一朵紅杜鵑
在回家小徑上等候

插在你春風拂亂的髮絲

Song - Christina Rossetti

When I am dead, my dearest,
　Sing no sad songs for me；
Plant thou no roses at my head,
　Nor shady cypress tree:
Be the green grass above me
　With showers and dewdrops wet；
And if thou wilt, remember,
　And if thou wilt, forget.

I shall not see the shadows,
　I shall not fell the rain;
I shall not hear the nightingale
　Sing on, as if in pain：
And dreaming through the twilight
　That doth not rise nor set,
Haply I may remember,
　And haply may forget.

四時子夜歌

一

春天引他進入花園
我的裙中，一朵玫瑰
繃緊紅色的花瓣

風在門口晃動
鳥聲啼亮
春光一陣細細碎碎
我腰帶的環扣
叮噹作響
花影鋪滿小徑

夏天赤著腳走近草地
花香四面埋伏，好一陣
我忘掉了呼息

一朵朵蓮花盛開
我們小心翼翼
來到水中央
互相糾纏的影子
在水光中不斷
迴盪圈圈漣漪圈圈

風箏斷線在晚霞天空
雲彩繽紛，葉子陸續飄墮

秋天燒紅的果子墜落

溢滿溼潤的眼中
一顆蘋果多汁飽滿
散發著光澤溫暖
是一輪夕陽渾圓
果樹站得筆直
影子漸傾漸斜

心神燭火似一陣搖晃
感覺黑暗中，他眈眈的視線
灼熱我雪白的肌膚

我梳理長髮
慢條斯理的冬天
像梳一個夜
一個吻使他的鼾聲
成為催眠的夜曲
星星一顆顆亮起來

1989

附記：
　　2000 年中國時報舉辦七夕情詩徵文比賽，行數限定二十行之內。為了參加比賽，遂將原詩濃縮改寫成二十行，結果還是落選。由比可看出徵文比賽的一種功能作用。

四時子夜歌

二

春天引他進入花園，我的裙中
一朵玫瑰繃緊紅色的花瓣
花影鋪滿小徑，春風在門口晃動
鳥聲啼亮的春光細細碎碎
好一陣我忘掉了呼息

夏天赤著腳走近池塘，眼睛水汪汪
我腰帶的環扣叮叮噹噹作響
朵朵蓮花盛開，花香四面埋伏
水中互相糾纏的影子傾倒
不斷迴盪著一圈又一圈漣漪

秋天燒熟的蘋果透紅亮麗
落日散發著玫瑰溫馨的氣息
我顫抖的身心像朵朵雲彩飄盪
花香像晚霞一般繽紛四散
天空晃晃欲墜，果樹挺直如筆

心神燭火似一陣搖搖曳曳
感覺黑暗中他眈眈的視線
灼熱我雪白細嫩的肌膚
我梳理長髮，悠悠蕩蕩的冬天
像梳一個夜，星星一顆顆亮起

進化的現場

一個溫暖潮溼的洞
一團急促喘息的火焰

1984
台灣詩學季刊 32 期，2000 年 9 月

In a Station of the Metro   Ezra Pound
　　The apparition of these faces in the crowd:
　　Petals on a wet, black bough.

男女情事

女向東，男向東
愛情像泡泡口香糖
入嘴時很甜

男向女，女向男
泡泡糖愈嚼愈起勁
口津四溢

男向東，女向東
努力調整嘴形
口香糖愈嚼愈淡

膨脹過的愛情
碩大的泡泡砰一聲
男向東，女向西

子夜歌

一

十指瞳孔中盡是春色
我的手指在你腿上
窺視月光
溫暖潮濕的月亮
像剝了皮的芒果多汁
汗水淋漓

月亮的聲音是水
水的聲音是霧
霧的聲音是露
露的聲音是星

你躺在我身旁
一朵帶露的白蓮花
晨光盛放
星星滴落窗外草地
露水清涼
白天才剛剛開始

無題　　　宋圜悟克勤禪師
金鴨香消錦繡幃　笙歌叢裡醉扶歸
少年一段風流事　只許佳人獨自知

子夜歌

肌膚散發著幽香
你赤裸地來到臂彎
鰻魚顫抖曲扭
像海灘一般潮濕
我微微抖顫的手指
在你腿上窺探灼熱的
汗水光芒

呼息像大海起伏
溫暖潮濕的月光溢滿
你白嫩嫩的肌膚
綿延海岸線蜿蜒不定
夜色留下露水痕跡
你發亮的眼睛
水汪汪

浣溪紗　　　　無名氏
燈影花光耀錦屏　　翠幃深處可憐生
桃花著雨不勝情　　偷窺已成心可可
含羞未便囑輕輕　　牙根時咬一聲鶯

17

子夜歌

三

剝開華麗裝飾的衣裳
觸摸你顫慄的身體幽幽發光
體香昏迷閃爍
剝開白亮灼熱的身體
觸摸你激情喧嘩湧動的心
溫馨急促喘息
剝開血脈賁張赤裸的心
觸摸你思憶禁錮的夢境黑暗
星星在遙遠天邊顫抖
光在這裏蕩然釋放

Touch   Octavio Paz
My hands
open the curtains of your being
clothe you in a further nudity
uncover the bodies of your body
My hands
invent another body for your body

子夜歌

四
夜君臨大地
所有的生靈屏息

親吻我濃雲密佈的山巒
你的手暗暗滑到山谷
月亮升起來
霧氣茫茫籠罩峽谷
山峰昂然屹立
我的陰蒂挺向你的嘴

透過夜色翻轉的森林
你眼光灼灼所及
水仙花蕾綻開
氣喘的聲息吐露芳馨
回音消逝在山壁幽深
我滿嘴含住你的

像滿月團團你充塞我
水氣煙霧迷漫
月光籠罩所有山林
我的山巒溪谷
挺身在你發亮的眼中
沐浴淋漓的月光

天中央一輪明月滿溢
露水溼透大地

子夜春歌
春林花多媚，春鳥意多哀。春風復多情，吹我羅裳開。

子夜歌
攬裙未結帶，約眉出前窗。羅裳易飄颺，小開罵春風。

碧玉歌
碧玉破瓜時，相爲情顛倒。感郎不羞郎，回身就郎抱。

子夜秋歌
開窗秋月光，滅燭解羅裳。含笑帷幌裡，舉體蘭蕙香。

青陽度
碧玉擣衣砧，七寶金蓮杵。高舉徐徐下，輕擣只爲汝。

贈情人
感郎千金意，含嬌抱郎宿。試作帷中音，羞開燈前目。

20

子夜歌

五

皮膚入手溫滑
瘋狂觸摸你全身
從頭到尾
像寒冬進門的浪子
雙手伸向火爐溫暖

你灼熱的容光煥發
在我眼臉燒滾
蟲聲響亮
花香在血液中沸騰音樂
星星滑行水面

你是一塊磨刀石
我嗜血的欲望
在你身上留下痕跡深刻
一道銳利的意志
比死亡還深

潮湧的大海一波波拍擊
夜色潮濕的島嶼
漆黑的天空
在水亮眼瞳中迷失
我們的吻像黎明甦醒

子夜歌

六

雙腿分開濕潤的風
天濛濛亮時你吻醒我
深谷河流恰恰湧動
我們在山頂向下傾聽
櫻花擾亂霧的露水心事
鳥對深林的感覺

蝴蝶對花朵的感覺
風拂過樹葉的煙霧喧嘩
你灼熱的目光
掠過我顫抖的軀體
引燃全身禁錮的花香
盛放的玫瑰向太陽開敞

芙蓉花嘩然盛開
火燄般草浪起伏千里
花朵搖晃碰撞
乳房膨脹的氣味
深情的吻像蜜蜂進入
紅玫瑰盛開的芬芳多瓣

激情的汁液湧向花瓣鮮紅
滿地裡花影橫斜交錯
鳥聲匯成一條溪流激盪

黃昏搖搖欲墜
陽光對雲朵的感覺
花香一聲聲幽幽嘆息

風飄散著花香的感覺
身體是玫瑰花開了又謝
心念如一地花瓣散落
滿山煙霧是空
你的肌膚淌著我的汗水
和滿月的夜的味道

子夜歌

七

風越過千里汪洋大海
躺在沙灘日光浴
陽光亮晃晃的濤聲澎湃
記憶如螃蟹橫行
悄悄爬上雙腿深處
起伏的潮汐洶洶湧湧
愛人沉溺的地方

月亮映照白白的孤寂
躺在庭院角落
記憶一如蜘蛛暗暗
爬上雙腿黑暗的深處
密密佈下天羅絲網
等待撲火的飛蛾歷劫歸來
最終死亡的地方

子夜歌

欲望圈禁在肉體深閨
你柔情的目光一掃
關燈後眼睛銳利
刀的雪亮

玫瑰花叢迴盪的風
吹散一片雲影
手伸入黑暗的天空
摸索星星

我的舌頭在你嘴中
尋找星星的韻律
肌膚散發著玫瑰氣息
撩動春情

星光旋轉昏迷
綻亮盛放的玫瑰花瓣
春風襲來陣陣芳馨
動盪夜色

打開香檳酒
氣泡滿溢星星的聲音
眼淚像流星雨一般
美麗流瀉

一朵玫瑰靜靜飄落
星星在花蕊顫抖著露珠
合唱著黑暗神祕的歌
花香四散

5/3/1998

一半兒曲　　　　關漢卿
碧紗窗外悄無人
跪在床前忙要親
罵你負心回轉身
雖是我話兒嗔
一半兒推辭
一半兒肯

子夜歌

　　　九
握住你的乳房小小
如握住一顆星
花苞萌發的感覺
傾聽鳥語細細婉囀

春光勃發的感覺
夜來香開得不可開交
溼漉漉江南水鄉
蒸騰潮溼燠熱的夜

埋頭在你雙腿
像蜜蜂藏入花瓣
花香窒息暈眩的氣味
蟲聲閃閃爍爍

月色舔溼一片山谷
曇花盛放的花香
牙齒輕輕咬著
一聲聲鶯啼幽幽

大麗花迅速燃燒股間
花香狂野的青煙
心思飄飛的霧氣裡
春光四散開來　　　　　2/18/1999

子夜歌

十

不安的黑暗裡
雙腿散發著花香橫陳
欲望咬嚙著指甲
蟲聲亮晃晃
在眼睛裡騷動月光

像夜包住月亮
當你進入我裡面
花包住蟲子
月亮涉過千山萬水
波動的月光裡有波動的花香

波動的花香裡有波動的月光
花朵搖晃著乳房
我們身體相互擦撞
月光鳴奏著吉他
夜在眼中溶化成水

霧在你眼睛裡升起
星星閃爍的聲音和節奏
我的心神在霧中飄散
花瓣顫抖的歌聲
月光汁液流淌

留著你強烈的氣昧
肌膚溫暖光滑
我們一起閉上眼睛傾聽
繁星落水的聲音相互呼應
在遙遠遙遠的天邊

4/18/1999

子夜歌

露水漸漸形成
夜的肌膚光滑溼潤
枕著你的雙腿
我的心像蠟燭點燃
在火焰搖曳中溶化

春蠶咬嚙著桑
聲音細細碎碎
夜色像黑髮散落
你埋頭在我雙腿
一室紅燭燃燒的味道

月亮膨脹碩大
毛髮糾纏著黑夜
你張開雙腿
月光滑膩的肌膚
我的思念在中間顫抖迷失

水仙開放的幽香
露水漸漸凝滿滴落
春風吹過楊柳絲
你身心顫抖
花香暗暗呻吟

月光泛白小溪
春風吹皺一池春水
做著藍色水晶的夢
我的眼睛在你眼波中
夢見星空一樣廣闊的海

11/29/1998

子夜歌

十二

星星溢滿朦朧的眼睛
我隨手拋落
黑色的高跟鞋
掀開夜色的裙裾
一片眩人心神的體香

玫瑰花香隨處遊走
在我身上盡情縱火
他灼熱的目光
燙過我每一寸肌膚
翻箱倒篋的煙霧四起

散發花香深紅的體溫
夜鶯搖晃著高音
火熱膨脹的欲念
像爆玉米花
迸迸跳跳噴炸爆發

暑氣蒸騰黏溼的夏夜
魚水氣味昏濁
一番脣舌中的脣齒相依
焦灼燙火的呻吟
野火在草原上延燒

沙發振盪的彈簧
一上一下
配合抖顫的呻吟
一鬆一緊
星星掉落露溼的草叢

水聲喧嘩的泡沫
找到夜深黑暗的出口
在我顫抖的高腳杯中
他倒下滿滿香檳酒
星星呻吟的泡沫亮麗

1/23/2000

菩薩蠻　　　　　李煜

花明月黯飛輕霧　今宵好向郎邊去
衩襪步金階　手提金縷鞋
畫堂南畔見　一向偎人顫
奴爲出來難　教君恣意憐

子夜歌

十三

春天迅速傾斜的欲望
你拉開我的衣裳
扣子像星星掉落一地
蟲聲溜滑的草徑
迅速滑下夜的斜坡

腰身旋轉神迷的夜色
你燒灼的目光
燙熱我白嫩的肌膚
一片暈紅在深夜裡散發
汗珠幽微的春光

甜蜜的呻吟像棉花糖黏齒
目光擦痛的部分
幽馨多瓣皺褶的玫瑰
小心翼翼綻開
散發深紅裸露的花香

星星閃爍的聲音搖晃
紅嫩慵懶的嘆息
和溫暖洋洋的睡意
一起合轍押韻
吟誦夜空深藍的夢幻

11/4/1999

子夜歌

十四

動蕩魚缸中的夜色不安
黑貓發亮的眼瞳
灼灼凝視熾熱
抗拒的舌頭像金魚又溼又滑
反身竄起晃盪的水聲

舌頭縱身躍過龍門
刮下一片片魚鱗
比目魚竄入呻吟的大海流晃
響亮的味道在嘴中
回味著星星激動的夜空

12/28/2000

子夜歌

十五

散發著月光溫馨白熱
豐盈滿月的乳房
灼傷他汪汪發亮的眼睛

舌頭擺盪像兇猛浪頭上的船
他的吻加深我的乳暈
脹得月暈發紅

牙齒研磨著浪花泡沫
他火辣的言語
燙熱我稚嫩鮮紅的羞恥

目光傾注下來
紅葡萄酒的醉意濛濛
遍布白嫩的肌膚透紅

雙腿伸向揉皺的月光
開放私處的聲音
一朵多瓣玫瑰嫣紅

呻吟喘息不定
大海動盪不安的月色淋淋
泛濫一整個夜的流域

深入黑夜凹陷的中心
星星露水滴溼
我羞紅顫慄不已的花瓣

10/23/2001

西瓜太陽和鳳梨月亮

大白天沒有雲遮掩
熱烘烘臉頰曬得通紅
吃下一根香蕉熟透
虎視眈眈瞪著他
狼吞一片無子西瓜
額頭汗水和嘴角口水
像淋漓盡致的陽光流淌

吃完一片鳳梨黃澄澄
臉上散發著月光
意猶未盡看著他吃芒果
橫溢的果汁和口水
像多纖維的夜滴落露珠
這時偷窺的月亮悄悄
穿過半開未開的窗口

4/14/1991

在白色的夢中

我就要睡了
露水濕重的夜
白花瓣細細飄落
青苔悄悄爬上石階

媽，把床舖好
我就要睡了
在床頭掛一盞燈
一盞星座

落葉重重舖滿
小鳥躍過的跡痕
新芽穿過泥土濕重
月亮落在西

媽，告訴他不要再打了
如果他再來電話
因爲我已經睡了
在白色的夢中

藍星詩學 4 期，1999 年 12 月

從春天的感覺出發

一

茉莉花香飄入窗口
雨滴滑落水霧的玻璃窗
陽光亮出雲層
雨後悶熱潮濕的黃昏

轉過頭去看見
她晰白修長的雙腿
黑絲襪垂掛椅背
晃動汗水發散的光澤

浴室傳來沖激的水聲
在我心中洶湧激盪
昏迷著茉莉花香
和水霧黃昏的天空

春曉　　　孟浩然
春眠不覺曉，處處聞啼鳥。夜來風雨聲，花落知多少。

40

從春天的感覺出發

二

春風隔著浴室暗暗
掀開夜色款擺的裙裾
體香恍惚的溫馨

春色漾漾的似水年華
在我流晃的目光裡
蕩漾著星光波動的水紋

暗自細聽你撒尿
夜空群星顫抖
一片銀河的水聲溶溶

一尾魚躍出池塘
濺起心中激盪的浪花
亮晃晃春夜的水聲

10/18/2001

半知　　　　　　王國維
小窗晴日繡針停　經事一月無來意
畫到鴛鴦意不勝　一半兒疑心一半兒準

41

從春天的感覺出發

三

一朵百合細細開綻
少女的心事像花苞
你拳拳緊握
月光窒息的呻吟
我握緊你的手

你闔上眼睛
夜色好深的一口井
月亮在水中醞釀春光
肌膚柔滑細嫩
有花香溼潤的味道

飄晃著幽馨淡淡
月光沁涼你的肌膚
入手一片光滑
雪花融化春水
我張開你汪汪的眼睛

我張開你的嘴
掙扎呻吟的月光
穿過夜色糾纏的隙縫
我鬆開你的手
崩潰的夜空如水

春風吹過花枝
漣漪晃漾無邊的春水
落花有意地飄落
你的淚水在我眼中閃爍
幽幽發亮的月色

8/22/2001

桃花村

一

亂紛紛桃花謝落的地方
楊柳青青一絲又一絲
搖晃著春光滴溜溜
等著楊家妹子來
我隨手摘下了薔薇
一瓣瓣剝開紅艷
細細聞著冷冽的芬芳

春風掀起了心中的漣漪
蟲聲充滿雨意
池塘水面變換著雲影
等著楊家妹子來
我會拉開她的衣衫
溫暖冰涼的雙手
在熱騰騰的雙乳上

桃花村

二

妹子潤紅的臉蛋
像酗酒的花瓣盛開
我整天東飄西晃
一隻蝴蝶飛繞在花枝

等著楊家妹子來
我的臉龐有發情的春色
黑貓汪汪的瞳孔
愣對著池塘春水的鏡面

心中沸騰著彩虹喧鬧
有煙霧冉冉上升
一樹灼灼桃紅
倒映的花光潤濕了青空

長髮飄飄晃晃像柳絲
楊家妹子昂著頭
腳步一陣春風輕快
桃花瓣落紅了滿地

雲影橫過水面天空
她眼中的白
我心中的黑
漣漪激盪一圈又一圈

桃花村

三

亂紛紛桃花謝落的地方
晶晶藍的清晨一路
走過群鳥飛翔的村口
雲煙籠罩著青山
臉龐半隱半現
我心愛的妹子等在林中
心情想必和桃花一樣

蝴蝶翩舞的記憶岔路口
春意一路跟隨我
繞過村中揚起的鐘聲
花光和綠蔭流瀉中
鷓鴣一聲聲飛上飛下
我看見她亂跳的眼珠
活潑潑流盪著春光

像春風對待桃花一般
娟秀的臉龐突然
變得艷麗明亮
熾熱的激情湧上花蕊
陽光朗誦著青春的肌膚
春風朗誦著花香體香
在浮雲聚了又散的地方

混合了春天所有的花香
蝴蝶翩翩漫遊在
鳥聲濺亮春光的心思
我們躺在野花堆裡
看露水般的青空靜靜
白雲飄了過去
三千里翠碧峰巒

女夢

撐一把碎花陽傘
趕赴人潮仲夏的市集
紅光豔陽刺眼
人堆推擠裡東張西望
漏看很多心愛寶貝

人潮和欲望興風作浪
錢包丟失了傘也擠壞了
我著急放聲大哭
淚水雷雨傾盆一瀉
嘩啦啦豪雨淹沒午後

根據佛洛依德解析
情欲洶洶將所有人沖失
黑暗束縛的白日夢裡
性器官抓緊錢包
傘公開表演肢體的語言

7/18/1992

秋夜懷人

山花陸續飄墜，低語的松林
像水波動，蘆花翻白秋意
我拾起一朵黃菊花
雨滴在花瓣邊緣晃亮
幽深的天空和潮溼的蟲聲淡淡

月亮自海面冉冉升起
扶持著深於淚水的思念，一瞬千里
你的容顏漸明漸亮，宛然一朵菊花
在記憶裏靜靜開展舒放
散發著幽馨溫暖的光芒

心思飄過蟲聲沉寂的地方
懷念的歲月高與雲齊，我的心
像花瓣燃燒整座暮色天空
菊花開啟夜色微霜的思憶
聯結我們天涯相隔，一生的孤寂

溫馨的月光充滿我溼潤的
眼睛，月色淡淡留白的記憶裡
一片白色的寧靜深沉
露水晃漾，月亮在心中
沉澱夜色所有所有的思念

花瓣的邊緣正在枯萎

盛放的芬芳中有死亡的味道
所有樹葉紛紛掉落，秋的聲音
我身心的一部分還留在暗夜的
故鄉深林，一聲嘆息在胸中空自迴轉

山色寂寥的憂鬱像羽毛彷彿
掠過思憶彷彿迷失的心頭
秋天即將消逝，遙遠的故鄉遙遠
一個人寂寞的月光路上
蟲聲幽微淡淡，花會飄落一地

5/13/1998

你的愛

燃燒一切可以燃燒的
你的愛是火焰
熱烈燃燒的舌頭火焰

滿山籠罩著花霧
你的愛是映山紅盛開
煙氣蒸騰著山巒

陽光溫暖著青空
你的愛是飛鴿展翅
白雲飄盪悠然的日子

芳草萋萋的庭院碧綠
你的愛是定時噴灑的澆水
順著水管倒流回去

薄荷糖在嘴中融化春天
冰淇淋溶化著太陽
你的愛在嘴角流淌殷紅

暴雨沖刷夏日的午後
歡樂的雷聲奔走雲層
你的愛溼潤了后土

熱滾滾茉莉花茶水新沏

你的愛芳香甘醇
水滴沿著壺嘴流下

葡萄汁涕泗交流
你的愛是淚水汪汪
醇粹的甜蜜釀成香檳

1/14/1999

飲食男女

一

捧著芳馨鮮艷的紅玫瑰
你開門進來
晚霞迷漫如火如荼
鍋裡煎著一尾活魚生猛
我熱得全身冒汗，爐火赤燄
熊熊吞吐，一鍋雞湯燒燙沸騰

帶刺的玫瑰在瓶中汲水
我鋪好餐桌
花香迷漫如火如荼
香酥酥一條煎魚紅燒
你打開香檳酒，噴吐的聲音
繁星泡沫，倒滿夜一樣深的杯

2/6/1999

飲食男女

二

戀愛時常常擔心這擔心那
像買東西時先檢查保存期限
速食店比較划算值得還是
隨你吃到飽餐廳

譬如隆乳的騙錢廣告詞
做女人挺好沒有什麼大不了
養顏止渴的飲料易開罐
你的豆漿比我的牛奶容易變味

不像你肉包鐵的機車隆隆
皮包骨的錢包常常虧空
沒有擦傷過的陰脣擦上口紅
我拉上夜的黑拉鍊

卸妝的話語照著鏡子蒼白
精液稀釋後煮菜可以用來勾茨
衛生紙擦乾抹嘴的城市
馬桶——沖走壞肚子的日子

8/23/2001
壹詩歌芭辣詩歌網路大賞 2003 年

54

風從春的窗口吹

一

風從春的窗口吹
髮絲細細飄散開來
對照聳立的雙乳
春光在鏡子裡冷清如水
水中的魚翻仰顧盼
激起一圈圈漣漪
飄晃著春光葉影的心事

眼睛進入鏡子裡訴說
偶而憶起又忘掉的往事
因為玫瑰花香的緣故
鬱鬱氣悶的胸口
傳出來一股
寂寞難過的騷動
窗口碧綠的鳥聲細細碎碎

花枝彎腰承當著
玫瑰花朵碩大明亮
胸中呼吸困難的欲火
鼓鼓漲滿雙乳
空氣中花香濃郁強烈
玫瑰恣意開放
多皺褶芳馨縱情的花瓣

蜂鳥進入欲望發酵的花瓣
想著他強烈的氣味
山谷迴響著蟲聲斷斷續續
天空的鏡子碎了
溪水流淌的水聲中
愛像一隻船蕩蕩
漂過河底發光的卵石

一片花香鬆弛散漫
淚水泛濫春夢的河床
我的身子是花開了又謝
眼睛在霧溼的鏡子裡
將思念匯聚成湖
溢滿了回憶的嘆息
在空蕩蕩的子宮裡回響

4/18/1999

髭子　　　陳千武

新的鍋子已經變成紫黑色了。
用棕刷子磨擦的事，
慾求光澤潤生的事，
有時候她想得很需要。

風從春的窗口吹

二

晨光斜斜穿過窗口
青鳥飛掠過灌木
在花影裡梳理羽毛細細
眉毛畫了又畫的春色
對著妝臺
鏡子是沒有話說

眼睛閃亮了鏡中的天空
想起你在遙遠天邊
乳房輕輕撫弄著寂寞
紅嫩芳馨的氣味
暖暖洋洋
玫瑰將春日變得豐美

鳥啼囀得美妙
重瓣緊裹春光的玫瑰裡
有溫馨迷魂的往事
蜜蜂嗡嗡的憶念裡
你的氣味
進入懷孕的玫瑰鮮紅

從花叢裡回轉
曾經芬芳過的春風
順從軀體漂流的感覺

帆船行駛過泛白的河川
空空蕩蕩
鏡子說出了寂寞的名字

2/3/2004

四處流傳的往事

數著天上星星
夜夜思念著我
從廣大星象流轉的歲月
她看見我未來流浪的方向

凝視著天上明月
我默默懷念著她
從月亮圓缺盈虧中
拼湊她明淨白緻的臉龐

彼此相互思憶懷念
看著彩雲飄散變幻
夕陽燃燒的霞火漸漸冷卻
各自回味黯淡散逸的往事

星星在廣大天象流轉
拼湊的往事四處流傳
有人繼續思憶著月亮明暗
有人向前奔跑如彩雲飄逸

5/13/1999

玫瑰心事

一

怯生生的晨光
玫瑰散落幾片花瓣

我紅潤過的肌膚
還留著花瓣芳馨的氣味

花瓶靜靜待在窗口
昨晚他送來一束紅玫瑰

11/13/2000

The Sick Rose   -William Blake (1757~1827)
O Rose thou art sick,
The invisible worm,
That flies in the night
In the howling storm:

Has found out thy bed
Of crimson joy;
And his dark secret love
Does thy life destroy.

玫瑰心事

二

站在窗口凝望
一彎下弦月寞寞
割著我的心

肌膚上白嫩的月光
有幽馨淡淡
曾經你留下秋葉的齒痕

瓶裡等待的玫瑰暗暗
在月光中嘆息
花香久久不肯散去

此時此刻
你是否也看著窗外月色
想念著我

3/5/2001

61

春心

一

欲望是一尾滑溜的魚
竄入你春光流盼的眼睛
濺起星星激動的夜
荷花升出水面

花香探索水聲的源頭
舌頭的味蕾
伸出星星的觸角
蟲聲在月色中流淌不已

鮭魚奮勇拚命向前
游向產卵的原鄉
一尾精子不斷擺動尾巴
心跳忐忐忑忑

黑貓閃動目光碧綠
隨著明月行經的虛線
你纖纖的手指
捏住我徒然扭動的末端

變色的蜥蜴斷然棄尾逃竄
交尾的狗突然中止
眼神交換死亡掙扎的高潮
瞳孔放大星星的光芒

流星的光芒畫過夜空
問路的花香迷了路
一條小溪清晰明亮
月白在美目顧盼的水中

10/15/1999

春心

二

平靜淡淡的日子
像河水一樣深
我的脖子長了十公分
過度的延頸鶴企

黃昏伸長臂彎
摟住春夜盈盈的柳腰
我攜帶小刀
蘋果皮削落一地

星星化雪的激動
一串串掉落下來
在你眼中
濺起春光蕩漾的漣漪

一片落紅花瓣
花陰觸破桃紅懷孕的心事
傷疤上有星星的淚痕
你喘息不定

果實落地的聲音
用盡氣力
我對著一口井喊話
夜色起伏不已

比目魚的氣味混濁
我涉過池沼春水
踮起腳跟
在一顆發亮的星星上哭泣

12/9/1999

春心

三

雲從你眼中飄出
化作煙霧
我烏亮飄飛的長髮

私語磨擦羞紅的臉頰
灼熱發燙
使你的眼睛更加明亮

花蛇哼著一曲豔歌
春風柔軟的舌頭
舔溼碧綠晃盪的柳絲

目光撞擊的聲音裡
有滾燙的呼吸
我急忙轉過身去

像蜜蜂來過的花朵
我搖曳生姿
心神動盪好一會

7/25/2002

春風吹過來

春風吹過來
有人偶然提起你的名字
我不禁轉過頭去
臉頰剎那暈紅
激情湧注玫瑰的心中
耳環羞人答答地低語

春風吹過來
去年的花不是今年的花
蝴蝶翩翩飛舞不定
伴著花浪起伏
心思激盪著春光響亮
花香浸在折花人身上

10/18/1999

春風吹過來

二

春風穿過柳絲
看見你來
睜大發亮的眼睛
我整個身心
一起熾熱起來
像芬芳紅艷的荷花盛開

陽光一時明亮起來
荷花亭亭玉立
我的心神像柳絲搖曳
好一會
露水晶瑩欲滴
春風拂柔了柳絲碧綠

12/28/2000

江南謠　　　　陳允平
柳絮飛時話別離，梅花開後待郎歸；
梅花開後無消息，更待明年柳絮飛。

春風吹過來

三

春風吹過來
淡淡喜悅的花香
拂過你臉頰像拂過花瓣
明亮中帶著花香淡淡的甜味
樹影在眼中輕輕柔柔
櫻花伸出紅嫩的手指
招搖柔嫩的春光

春風吹過來
樹葉碧綠的氣息
我虛空得像一支笛子
吹奏出春光幻化的歌聲
花瓣燃燒著春光火焰
你從歌聲中聽出來
花開花謝的消息

直立的梯子倒下來
像鐵軌接向藍色天邊
櫻花散放的光芒裡
你光著身體躺下
一把即將彈奏的吉他
我唱著流浪的歌
陽光十分響亮

5/11/2001

島嶼之歌

花朵搖晃著花香
花香搖晃著露水
少女搖晃著乳房
像兩只小鈴子
露水搖晃著天空
天空搖晃著
湖水一般搖晃著
我的心搖晃著你

月亮搖晃著月光
月光搖晃著大海
少男搖晃著眼睛
眼睛搖晃著星星
睡意搖晃著
大海搖晃著夢境
夢境搖晃著島嶼
我在島上想著你

星星搖晃著露水
露水搖晃著天空
少男搖晃著少女
大海搖晃著
島嶼一般搖晃著
夢境搖晃著花光
花光搖晃著夜鶯

我的心搖晃著你

10/18/1999

月光往事

一

月光小心翼翼綻開
心事白嫩的花苞

風對著燭火暗暗低語
火焰閃亮幽鬱的嘆息

玫瑰容華正盛
濃郁花香猶豫了一下

在我月亮的乳房
你留下楓紅斑駁的爪痕

眼神交換的淚水
流過記憶淤塞的河床

露珠滾落殘荷的雨聲
思念留下一葉月光空白

11/21/1999

月光往事

二

月亮漂浮在幽深的眼中
深於夜色的思念裡
她想念稚嫩早逝的愛人
墳地上野草鬱鬱
黃葉飄晃著月光清寂
照亮一朵白菊花
露水不禁在花瓣邊緣滴落

月光漂浮在空白稿紙上
他一頭霜髮蒼蒼
獨自在房間裡寫一首詩
紀念早夭的戀情青澀
花開花謝都是白白的月光
歲月在記憶中消逝
稿紙留下皺皺巴巴的黑暗

11/21/1999

誰家玉笛暗飛昇

為你吹奏夜曲飛昇
我的笛子挺直
進入你黑暗潮溼的夜
一枝獨秀

像一口深井
黑色的蕩漾深不可測
笛聲飄浮
暗暗撐起凹陷的夜

最要緊是陷入
笛聲爬下星星的階梯
夜的子宮
引發晶亮的蟲聲四散

黑暗的夜色崩潰
星子像潮水氾濫洶湧
笛聲閃閃滅滅
穿過彼此光滑的身體

1/5/2000

撲火的飛蛾

隨著蝴蝶飄飄忽忽
我著火的靈魂
散發著所有的春光
對你的思憶如同
玫瑰濃郁的花香飄散

春光宏亮的歌聲
在你掌中綻開
我光潔赤裸的身體
陽光進入青春的歡唱
拔高一個音階亮度

玫瑰不顧一切
綻放生命所有的紅顏
青春年華如火如荼
你凝神注視
傾生命所有的力量

一陣陣春風吹來
吹不散花香的習性
思念像玫瑰盛開過度
花枝暗暗低垂
承受過多碩大的花朵

你是撲火的飛蛾

繞著芬芳燃燒的火焰
春光面對的心情
臉頰暈紅花瓣
在盛妝的記憶裏迷失

春光停留一會
你來過我盛放的花瓣
像蝴蝶飛去後
花瓣兀自顫抖不停
我的心至今尚未平息

1/11/2000

In the Time of Peony Blossoming   Robert Bly

When I come near the red peony flower
I tremble as water does near thunder,
as the well does when the plates of earth move,
or the tree when fifty birds leave at once.

The peony says that we have been given a gift,
and it is not the gift of this world.
Behind the leaves of the peony
there is a world still darker, that feeds many.

小蛇游走在眼睛裡

小蛇游走在眼睛裡
我是鏡子的容光
也是鏡中你的紅顏
蟲聲和鳥聲合唱著陽光
一曲春歌嘹亮

芬芳沁人肌膚
你是玫瑰花盛開
春光顫抖的紅花瓣
我是蝴蝶豎直翅翼
在花影中遺忘芳馨迷離

花瓣滴下血液殷紅
你是葡萄酒醇醇
發揮著灼熱燙人的體香
我是空的酒杯
杯底陶醉的金魚

從鏡子游走出來
一尾赤裸的魚
白雪溶溶氾濫的河流
在空蕩的聽道裡留下
春日蕩漾的回響

你溼亮的呻吟

像蝸牛爬過花徑的跡痕
從陰溼洞穴中出來
我走出自己的身體
像水蛇蛻下一身蛇皮

9/29/2000

速食快餐

在你空蕩蕩口渴的杯中
我倒下泡沫喧嘩的可樂
三明治緊緊夾住飢火中燒

甜津津膩人的草莓醬
像紅色愛欲黏稠稠
塗滿兩片烤焦的吐司

一支麥管打著飽嗝
在可樂泡沫的破滅裡
速食的快樂時光

11/10/2000

糾纏

像隻狗纏咬著褲腳
他磨著我直要
我隨手拋下一根肋骨
磨利他的牙齒

繞指柔的絲線
等待鐵杵磨成的繡花針
他磨破我的皮
傷口汪汪叫了兩聲

12/29/2000

漫聽雨聲

一片泛潮的心事
擰得出水來
春夜我們躺在一起
聽雨聲漫漫
淋漓一片落花心緒

隔夜溫存的體香黯淡
你舌頭的火焰
撩撥我蠟炬成灰的心
在灰燼的回憶裡
我回味著他人火焰的吻

淚水沒有聽見
東風悄悄從遙遠處回來
春雨結束的時候
我們躺在床上
好像什麼話也沒說過

5/20/2001

春光閃爍的身心

攀折一枝桃花紅豔
我踮起腳尖
眺望蝴蝶遙遙飛過去的海
乳房初初甦醒的春情

情郎的話語亮在記憶裡
枝梢細細飄落的花朵
諦聽二月蔚藍的天
閃著光芒靜靜

浮雲飄動整座天空
雙腿束緊遊蕩的思緒
火車在遠方奔馳
鐵軌連結一個又一個城鎮

隨手撒下一地花瓣
遊蕩的體香瀰漫遍野
野花隨意綻放
春風穿過春光閃爍的身心

10/2/2001

秋意紛飛的時候

落葉四下紛飛的時候
清冷的日光淡淡
樹影漸漸斜在窗面
寂寞的眼神
就這樣面對著寂靜秋色
茫然若失好一會

秋風吹過飄拂的髮絲
斑駁的心事像秋葉飄搖
彷彿有一絲絲嘆息
等著他開口說話
我默默啜著茶
秋天懂得寂靜寞寞的澀味

10/31/2001
笠詩刊 232 期，2002 年 12 月

夜的節奏

星星暗夜的耳語
自鎖孔窺探
乳房流出月光的奶汁
一根吸管空蕩蕩
你的雪茄燙傷我的夜

暗紅的乳暈
滅卻了床頭燈
足音踩響空穴的風
扔散身影的糾纏
黑蕾絲襪和紅高跟鞋

打一個飽嗝
黑貓來來回回舐著
溫熱的夜的肌膚
我呻吟的高音
像雪亮鋒利的上弦月

藏在鏡子背後
閃爍著深藍囈語
葡萄發酵的酒氣熏天
節奏慵慵懶懶
你眼裡的星光漸漸渙散

飲水思源的空杯

注滿夜色的可口可樂
星星泡沫蕩氣迴腸
暗暗深巷裡的狗
狂吠一整夜

1/21/2002

春光放縱野火

陽光潑灑著蜂蜜濃稠稠暖烘烘
油荣花金黃燦爛的野地
蝴蝶撲來撲去剛發育的楊家妹子
含苞的胸脯鼓鼓挺起白衫
散發著清香檸檬的味道甜津津

裙子飄晃著花光遍野像春風滿面
我拐著她走彎路折入桃花林
風吹動藍天雲影掠過大地
觸摸含羞草嫩葉的騷動一片
眩目的陽光鳥聲掐出金黃的檸檬汁

花香眩人的氣息失魂掉魄
一對小白鴿侷促不安在掌心撲撲騰騰
我緊緊握住怕到手的鳥兒振翅飛揚
心神雲霄出竅迷失方向好一會
紛紛揚揚像種子茫然飛散的蒲公英

碎花裙子裡春光放縱著野火
燒過鬚眉髮絲故鄉紅葉燒過光陰幾十載
白天燒成灰燼夢裡蝴蝶落花向晚
只記得夜色裡她的呻吟響亮
讓星星顫抖動盪整座天空一直到如今

2/8/2002

露水夜色

雨水蓄滿池塘
咪嗚一聲黑貓竄過對面屋瓦
像盆栽在陽台暗自陰森
一口血氣憋得發慌
月色有些潮濕沉悶得緊
她想要抽一根煙

野草長滿花園
舌頭沿著牙床摸索走板的音調
白齒落井下石的荒腔
讓月亮黑了一半
我從露水夜色的口袋裡
掏出一根濕火柴

2/28/2002

等待夢寐

側耳傾聽門外的秋風
我在等著他

思憶輾轉反側
露水難眠的夜色微霜

秋色縱欲過後
落葉的腳步窸窸窣窣

黑暗正在敲門
為什麼還不去應門呢

夢寐抽搐的心
還不想開門請他進來

白白月色昏眩的感覺
夜色一陣戰慄

既然遲到了
不妨就讓他多等一會

2/28/2002

春河

河流穿過荒野漫漫
春天我坐在船上
和漁夫一起撒網捕魚
像河流穿過荒野
木橋跨過兩岸

你穿過我
像魚兒游過河川上游
燕子穿過春風雲影
像春風穿過柳絲
你穿過我

春天我坐在船上
和漁夫一起補網煮魚
木橋跨過兩岸
船穿過歲月的橋洞
雲朵穿過水面的天空

3/28/2002

後記：

　　捕魚釣魚的行動暗示對於愛情對象的追求，而煮魚吃魚示意結偶合歡，這些行動象徵著靈肉契合的永恆人性和宇宙性的意義。

留下空巢，鳥一去不返

鮮花陽光燦亮著暮春
葬禮的那一天
聚合久未謀面的朋友
空氣飄浮著矜持的悼念
在汗水擁擠的人堆裡
找不到一隻蝴蝶飛

晚上我把未亡人
帶到一家小旅館樓上
裙子裡什麼也沒穿
像野狼機車發動引擎
噴吐著音爆衝撞
我又回到年輕氣盛

喉嚨冒煙出火
機關槍一般操著髒話
乳頭也就像子彈
汗水流過滾燙的乳溝
她瘋狂呻吟
我感到火燄燙傷的痛

黑夜有了一個缺口
想像自己的葬禮那一天
所有的朋友都到齊
鮮花陽光佈滿角落四周

其中有一位會在晚上
殷勤慰問我的妻子

把所有的淚水都留下
深挖的泥土很濕
我像在挖自己的墳
找不到一隻白蝴蝶
她耳根赤裸的月光裡
有墓草青青的氣息

在腦海裡答答滴滴
雲絮化雨的聲音
在她持續的啜泣裡
夜色不想留下些什麼
我獨自悄悄離去
在人生留下空洞的缺口

4/30/2002

春天的來臨不可收拾

春風吹盪開柳絲
你在耳邊細語
游走在紅嫩肌膚上
是牡丹吹來的風

我的耳環不停搖晃
像薔薇花瓣上的蝴蝶
激動著翅膀
春天的來臨不可收拾

春風拂過柳絲細細
梳理翠碧的春光
我挺立的乳房
改變春風吹襲的方向

春風翻閱杜鵑的花瓣
我的心動盪不已
陽光晃亮柳絲碧綠
蝴蝶進入花的心中工作

看蝴蝶翩翩飛過花叢
春光燃亮眼睛
熱情燃燒的太陽光芒
玫瑰花盛開得不能再開   6/18/2002

朝辭白帝彩雲間

玫瑰綻開白帝的朝陽
樹張開火焰的手掌
脫下紅絲襪
你是傾斜春天的向日葵
我是停留盼望的陽光

雲天半閉著眼臉
你動盪豐碩的乳房
像晃亮熟透多汁的梨
春光熾熱的玉體
像彩雲燒融我的身影

你食我的根，我飲你的泉
大腿張開的紅嫩
比春色還要明豔照人
我的眼光像春雨
淋溼你裸露白亮的肌膚

高塔觸及青空的雲
樹根深及春水的源頭
你男我，我女你
四肢像長江伸展泛濫
猿聲迅速淹沒兩岸

6/30/2002

懷念杜鵑的心事

桃紅的乳暈和身體的氣味
許多年後他還記得
用粗話磨擦的肌膚紅嫩
她腋毛茂密
神情艷麗像酗酒的花瓣

大腿的深處比深夜還要更深
她喜歡吃帶血的牛排
他情欲勃然旺盛
像方糖迅速在咖啡中溶化
霓虹燈城市徹夜不眠

喜歡他身上泥土的味道
她張開的大腿比月色還要白晰
曇花在夜深中舒展
香氣盪開月光晃亮的漣漪
到達他激情的心中

獨自深夜的窗前看月亮
月光穿過他的身軀
像深水港灣等待回航的船隻
她經血的腥味
多年後仍難在記憶裡消除

過去的日子像舊衣服磨破

茫茫然心思一片空白
過多的星子迷失
在廣大夜空中噴薄洶湧
他懷念杜鵑的心事

7/19/2002

旋律般的山巒翠綠

陽光燃燒著玫瑰花開
春風吹拂著大地
你凝注的眼睛
像白雲拭過的天空蔚藍
包容了一切

和你走在一起
我看到雲飄得更遠
天穹更加廣闊
用春天的眼神看你
我看到河水流得更深

天空蔚藍的像水波動
我的髮絲飄飛
風從花叢中回轉
因為你花開得更紅
旋律般的山巒更加翠綠

7/26/2002

美鳳穿過針孔穿過美縫

一張床像大海搖晃不停
破浪歸來的船艦凱旋
望子成龍一張床
一張床沒有月色黑夜
有人埋頭默默苦幹
辛勤的工蜂到處採蜜

島嶼在浪濤裡搖晃不停
望女成鳳一張床
換過多少床單白白
有人展翅高飛
高舉的雙腿朝向天空
劈開勝利的手勢

一張床在腦海裡搖晃不停
濺起魚腥味的浪濤泡沫
震盪高潮迭起的島嶼
我們凸出的眼珠就要掉落
伸長舌頭喘著氣
流下了淹沒臺灣的口水

7/28/2002

97

後記：

　　我寫詩的靈感常來自與他人作品的對話。在笠詩刊 2002 年 4 月 228 期上看到岩上的＜性愛光碟風暴＞，有感而發，寫下此詩＜美鳳穿過針孔穿過美縫＞。

　　璩美鳳的光碟去年就看過了，看完覺得表演頗為精采，也口沫橫飛加入眾人酒餘飯後的閒言閒語。卻一直沒想要寫詩批判。只覺得這件事非常敗德，把所有人都拖下來淌這混水。從主角現場獻身表演，到裝置針孔攝影機的策劃和執行者、販賣銷售業者、購買消費者，以迄看完評論加油添醋者、複製傳播者，一直到新聞炒作和政壇興波作浪者。全臺民眾、大陸同胞以及海外華人，看的人次應超過任一最暢銷的電影或連續劇，影響不可謂不大。此地矽谷和洛杉磯書店都有販售，中文報紙和電臺也熱烈報導好一陣子，大家也七嘴八舌如斯響應，可說是普天同慶。

　　然而現在想想，卻不覺得有何大不了的。概華人消化器官別具一格，無所不吃無所不化，飲食衛生習慣獨步全球，骯髒的食物照常吃照常拉，按臺灣話說就是垃圾呷垃圾肥。光碟事件於今煙消雲散，好像不曾發生過，大家日子照常過得好好的。只剩下文人放放馬後砲，也當作是酒足飯飽之餘放個屁罷。

月色沖洗的夢境

月亮牽引大海的浪潮
在深夜澎湃高漲
月光充滿春水的池塘
河流在花香中湧動
發出夜色深沉的水聲

夜色舒展作浪的手腳
我變成一條魚
四肢舒展月色沖洗的夜
她變成汪汪池塘
歌謠像一條河開始流動傳誦

在夜的背後
星星跋涉過泥濘的草徑
發出河水混濁的氣味
交頭接耳的手臂
在月亮的背後上緊發條

失措的噴泉射出大地
水滴在空中四散開來
我高亢的嘆息聲
不斷興雲作霧
星星在夜空中失散紛紛

一條河閃閃顫抖發亮

月光碎成光芒碎片
她心魄顫慄的高音動盪
像一波波浪花潮湧
打溼了夢的海岸

濃郁的花香正在消散
改變我一生黯淡的記憶
月亮花了整個晚上
涉過春水池塘
露出夢境隱秘的部分

9/3/2002

歡樂磨損的夜色

一

刀槍出入血肉的時光
她一聲不發
陰脣像蚌殼般緘默
我刀光閃閃自言自語
語法頻頻出錯

床塌陰暗一生的內心裡
花開即是花謝的身子浮沉
大海起伏動盪
時光在潮水沖刷中磨損
有寂寞的浪花節奏

張嘴嚥下啜泣的淚水鹹溼
像生吞星星的黑洞
她虛空的眼睛像鏡子
我沒能看到自己的影子
在其中出現又消逝

昂然抵抗著夜色挺立
樹木落光了葉子
秋風吹掃人世歡樂的空穴
留下一片退潮浪沫
白白的歲月失憶的月光　　　　　9/9/2002

歡樂磨損的夜色

二
露水陰濕的大地
只有飄落的花瓣知道
你進入我的身子
體會蠟燭熄滅的味道

摸索過生活黑暗的底部
你的手曾經緊緊
捏握一顆蘋果艷紅
而今暗暗的瘀傷化膿

看不見外面的星空
我躺在床上默默
撥動黯然的星火消魂
在記憶的灰燼裡

12/12/2002
喜菌文學網完全報第六期 9/10/2003

鄉間竹枝謠

罝丸罝丸叮叮咚
橫行的羅漢腳邁過去
邊拉邊嚼著野草
黃牛拖著嫁妝一牛車

水牛跨過田埂路
流汗水的禿子戴草笠
竹鞭趕著豬哥闖鄉間
無法無天也無日

載著心愛憐惜的阿妹
我猛踏著腳踏車
風風火火趕出去
碧竹枝上飛騰白鷺鷥

奶頭奶頭叮鈴鈴
水亮的美眉迎面春風
油麻菜花黃油油
花蝴蝶翩翩飄蕩來去

9/22/2002

《竹枝》本出於巴渝。唐貞元中，劉禹錫在沅湘，以俚歌鄙
陋，乃依騷人《九歌》作《竹枝》新辭九章，教裡中歌之，
由是盛於貞元、元和之間。禹錫曰："竹枝，巴也。巴聯

歌，吹短笛、擊鼓以赴節。歌者揚袂睢舞，其音協黃鐘羽。末如吳聲，含思宛轉，有淇濮之艷焉。"

竹枝　　　劉禹錫

楊柳青青江水平，聞郎江上唱歌聲。東邊日出西邊雨，道是無情還有情。

巫峽巫山楊柳多，朝雲暮雨遠相和。因想陽台無限事，為君回唱《竹枝歌》。

清代民歌

一家女兒做新娘，十家女兒看鏡光。
街頭銅鼓聲聲打，打著中心只說郎。

一枝花 不伏老（選）　　　關漢卿

[尾]我是個蒸不爛、煮不熟、捶不匾、炒不爆、響璫璫一粒銅豌豆，
恁子弟每誰教你鑽入他鋤不斷、斫不下、解不開、頓不脫、慢騰騰千層錦套頭？
我玩的是梁園月，飲的是東京酒，賞的是洛陽花，攀的是章台柳。
我也會圍棋、會蹴踘、會打圍、會插科、會歌舞、會吹彈、會咽作、會吟詩、會雙陸。
你便是落了我牙、歪了我嘴、瘸了我腿、折了我手，天賜與我這幾般兒歹徒癥候。
尚兀自不肯休。則除是閻王親自喚，神鬼自來勾，三魂歸地府，七魄喪冥幽。
天哪，那其間才不向煙花路兒上走。

這城市像個啥

一

這城市是個肉包蒸籠
汗味充斥街頭巷尾的角落
便溺的尿騷暗暗飄蕩
酒吧裡勾搭女人胡扯卵蛋
九點鐘我點燃一支煙
酒酣耳熱的牛皮花言甜軟
連續試了三個卻不入港

膀胱漲滿酒肉魚池的尿意
燈紅酒綠的廣告詞逢迎再三
噴吐撩亂人心的煙霧迷離
對於寂寞並不陌生的
盛妝打扮的女子陌生
就近旅館裡口沫和汗水廝磨
也沒問彼此電話姓名

歡快游蕩的口紅如血
印在黑暗騷動的夜色消魂
亮麗喧囂的霓虹燈滿街
像脂粉塗抹過艷過份的
狐魅過多的阻街流鶯
狗嘴吐出的舌頭喘息溼熱
這半點鐘的夜色還在燙　　　　　11/11/2002

這城市像個啥

二

花枝招展的表情
有太多盛裝的寂寞
酒精滾燙著夜
芳香劑在腋下散發
滋滋作響

我挺高胸脯
蘋果過熟的氣味
他身上散發著
煙和人息在冷氣房裡
長久攪合的味道

西裝和旗袍聚談甚歡
晚會上相碰的醉眼
像開瓶器一樣
酒色和財氣畢挺
惺惺相惜

穿過酒酣耳熱的房間
我翹高屁股
孔雀張開屏扇
緊緊尾隨著他
扭開門把

心臟跳得厲害
砰砰敲響
要求開門出去
籠中鳥渴望一次
欲速脫逃的飛奔

卸下珍珠項鍊
待解的紐扣在床上
等著顫抖的雙手
錯開散亂的眼神
像香檳噴散的泡沫

雙腿高舉半空
奮張欲振的翅膀
肉體腥香橫陳
我們瘋狂地做愛
直到身心全都掏空

打開過期的請柬
我身上的黑夜
消逝在另一個身體
生命留下提神的部分
像過夜的茶水

從旅館出來
一臉歲月的倦怠
哈欠裡有著陰溼的霉味

寂寞重新打扮整裝
各走各的路

8/29/2003

玫瑰花瓣

蝴蝶飛撲著欲火
你的舌頭伸入我嘴裡
美妙不可言喻
我停下來
全神貫注此刻
陽光燒燙的情懷紅豔羞赧
侵入心神搖盪的五官

全身每個毛孔都張開
燙人的體溫
烘烤新鮮出爐的麵包
乳房膨脹的氣味
芳馨幽幽散發
花瓣顫晃吻過的紅脣
豔麗了春光明亮溫暖

12/04/2002

月光迷失的往事

浮雲消散的往事
有白楊的意味蕭蕭
心思斜靠著黃昏
蘋果熟透過頭的秋天
掉落下來
一身叫疼的瘀傷

月光濕潤過的身心
每天都死去一些
蔥花淡淡清湯的日子
在思憶裡暗自消逝
你的腳步像月光曾經
悄悄接近我心裡的秘密

照著陰阜上的蒲公英
月光抵達夜的深處
進入心思空洞的身體迷失
寂靜的回音嗡嗡作響
秋風吹過空穴茫茫
隨手將門關上

觸摸霜白的往事暗暗
你冰冷的手曾經
冷不防伸入我的夢境
月亮割裂又癒合的傷口

蕭蕭別離的秋聲
捻熄了一盞燈

　　　　　12/18/2002

月光的歌謠

夜滑了下來
在我茉莉花開的身子上
你唱著月光的歌謠
花香蕩氣迴腸
關係神秘的微顫
通過我們兩心深處

黑睫毛閃閃爍爍
月光照亮過的身心
體溫灼灼燙人
散發著月亮幽馨的氣息
光潔芬芳的乳房
雪光眩目

清亮的蟲聲煥發
月光徹夜難眠
我們流淌的眼神靜靜
諦聽融雪的聲音
就在今夜
玉山的雪峰高出天堂

1/9/2003

月光啊大海

你汪汪的情意
在露水明亮的眼睛裡
像夜色四合
愛人啊
我花樣的身體
散發著月亮的氣息

銀色的桂花香啊
愛人
你剝開我的身體
濤聲晃亮
山巒在月光下跌宕波浪
像風生潮起

惟有夜深著
你沉溺洶洶的濤聲
愛人啊
月光填滿周圍的黑暗
最深的海
我在海底等你

2/18/2003

一朵荷花開在東方

一朵荷花開在
另一朵荷花的盛開裡
有時我們不由自主
發亮的目光時時
相互砥礪厮磨
彩霞激動天空的感覺
閃露出春光的溫柔

我想你
曠廢時日想你
春風在耳邊說了些
花樣繁多的風言風語
我的心像蝴蝶飛上青天
你說過我的身體
有著火焰的曲線

心神搖盪著日子
恍恍忽忽不由自主
春風使臉龐發亮
我紅豔的羞赧
厮磨著明亮的春光
一朵荷花盛開
散發著不一樣的幽馨

2/20/2003

鳳凰花枝

迷惑世俗人心
項鍊上寶石璀璨閃亮
我穿得花枝招展
像蝴蝶翩翩穿過眾多
芸芸凡夫的俗氣
停豎起華彩奪目的
翅膀驕傲
在他肥大的食指上

我纏著他豪氣的手臂
口紅鮮艷照人
挺著即將撐破衣裳
財氣撐船的肚子大氣勃發
他冠冕的話光鮮油滑
打著飽嗝堂堂皇皇
我喜歡人們仰望的目光
嘴角流下口涎

他的情語像蜂蜜黏稠
脂肪廝磨著耳鬢甜津津
我喜歡奶油蛋糕
體貼他紅光滿布的顏面
神采油膩逼人
血液裡流著濃稠的咖啡
我顛倒眾生的煥發

爭持矚目的豔色飛揚

1/9/2003

魔鏡魔鏡

望春風的杜鵑綻開
像明朝依舊爬上來的太陽
激情青春的臉頰
像春水波光的水仙紅潤
照鏡子的女人都會這樣問
誰是世上最美的女人

白馬奔馳的彩虹裡
幻想自己是白雪公主
艷光照亮妒嫉的草叢陰暗
童話夢境的幽林裡
虎姑婆啃著女孩手指頭
野狼垂涎的舌頭又溼又紅

你是最美的女人
鏡子都會這樣回答
艷紅有毒的蘋果熟透
光陰在肉體裡衰老腐敗
白馬王子奔馳過流星夜裡
淚珠和露水暗暗滾動

邪惡的咀咒在子宮裡發作
欲火活活燒死巫婆
想像自己是皇后美豔絕倫
曾經在經血腥紅裡

煮一鍋白帶更年湯迷魂
混濁歲月的月色蒸騰

誰是世上最美的女人
照鏡子的女人都會這麼問
月光茫茫陰溼的地方
青春小鳥一去不回來
鏡子都會這麼回答依舊
你是最美的女人

3/22/2003

冰夕

一

昨晚深夜裡
花瓣露水冰涼
月光浸透的身子
像薄冰即將溶化消失
像時光帶走年華
白白的月光
在內心流出一條河

黎明時
一片薄薄的月亮
還在天空
還在我發亮的眼睛裡
讓我知道
我思憶恍惚的身心
還完整無缺

7/1/2003

附記：7/18/2003

　　網上詩友冰夕特別喜愛情詩，和我品味有些相投，又都屬雙魚星座。我的個人新聞台門可羅雀，難得冰夕造訪，恰好當日寫好這首情詩，遂取詩題＜冰夕＞，以為紀念。

冰夕

月光輕輕波動深夜
我暗暗想些心事
蟲子調高清亮的鳴聲
眼睛不由自主
眨閃的目光
晃動整座寧靜的天空

惦記著杜鵑還沒有開放
樹影微微晃動大地
露水滴溼暗紅的花瓣
一朵盛開過的茶花輕輕
落下星子黯淡的天空
我正在安靜下來

心境如夜色虛空
風吹過遠山群樹
寂靜白白的
月光溼潤著小鎮
像露水一般清清幽幽
我的思念晶瑩溼亮

10/13/2003

思念的日子

使我臉龐煥發
思念的日子
使我心裡充滿甜蜜
春風輕輕拂過
草木的清香
閉上眼睛就能感覺
野花開遍方圓數里

你的眸子使我出神
陽光穿透花瓣的聲音
像蕾絲窸窸窣窣
我繃緊的乳房
像花苞綻放開來
一陣輕顫傳過全身
煥發動人的春光豔麗

日子像釀酒的李子
散發醉人的香味
我憧憬發亮的眼睛裡
有玫瑰盛開的花光
內心的思念
像蜜蜂在花香
釀造蜂王漿甜甜蜜蜜

7/1/2003

曾伴彩雲歸

夕陽燒紅的熱力
灼熱了我周身血液
你的長裙輕輕
擺動雙腿搖晃的節奏
絲綢發出光芒
細細作聲
讓我的身心
起了神秘的變化
我伸入裙子深處
探測夜色降臨的濕度
你的目光飄飄蕩蕩
忙著調整天空繽紛的雲彩

7/5/2003

深夜在肚臍陷落

影子交疊影子的夜
子宮正開著
皎皎濕潤的月亮
散布著香瓜的氣味
在情人相互凝視的眼睛

深夜在肚臍陷落
汗水和露水
相互蒸發著熱情的肌膚
南風吹過草叢
改變了夏天的聲調

叫得夜空發亮
黃鶯驚心動魄的啼聲
叫得花香郁郁流蕩
像潮水隨滿月高漲
難以抗拒

穿過銀色的泡沫
我像一條魚
迅速閃閃快活飄溜
在月亮的池　興風作浪
引起漩渦

7/5/2003

家貓

血污的羽毛四下飄飛
你竄過春深的巷弄
咬下麻雀的頸子

而我幾乎不能呼吸
像受驚的女孩
看見不該看見的

常常徹夜不歸
你曾經像貓
喜歡狂野的黑暗

我和夜互為背景
來來回回
在窗口探望月色

黃昏在搖椅上打盹
如今你還是像貓
乖乖順順伸長了懶腰

陽光擱淺窗口
我坐在鏡子面前
修飾著歲月的痕跡

在白日夢　瞇著眼

你打一個飽嗝
舔著自己的尾巴

霧在我的眼睛升起
抹去許多記憶
和感情的坑坑洞洞

哈欠　都有著霉味
喵嗚了幾聲
你知道家是什麼意義

7/15/2003

思念翻滾的濤聲

海風飛入我的裙子
空蕩蕩下午
深藍的憂鬱在身體　流蕩
海風颼過山巒的聲音
想你想得厲害

思念在濤聲裡翻滾
湧動幾千里潮水
飛魚躍上浪頭
陽光穿過雲層厚厚
金亮在百里之外的海面

白色驚叫的狂喜曾經
像大海掀起浪頭
在動盪不安的床褥
你是漂木曾經
嚮往多礁的海岸

海鷗尖叫起伏不已
思念像大海曾經
在岸邊化成浪花片片
浪花化為長長沙灘
你曾留下腳印

天空曾經俯身下來

接近了海面
拍響岩岸礁石
浪花高舉著陽光
湧動一波又一波潮水

海風吹得厲害
白雲迷途的思念
像河川向大海奔流
整理紛亂的髮絲
記憶兀自澎湃著大海

在遙望的眼睛裡
遠航的愛情觸礁海上
遙望的海天遙遠
我在海鷗的背上
看盡碧海的潮起潮落

浮雲飄過天空灰藍
所有事物的意義
像是雲影暗暗
在眼中變幻著日子
一片白花花浪沫

我閉上眼睛
感覺千里之外
颱風正在海上形成
陰暗沈重的心思

聚集濃厚的烏雲

浪花泡沫四濺
激盪的心事彷彿
潮水反覆撲打礁岩
留下想念沖刷的刻痕
大海有了深藍的憂鬱

7/17/2003

後記：

　　在《喜菡文學網》投稿詩版上看見冰夕的詩＜2003 六月的海＞，為其優美的意象感動，遂記下其中的詩句，"*只有記憶，一種看不見的蝕刻／穿透石礁上／／妳風飛的裙裾*"，竟而醞釀成詩。冰夕目前擔任《喜菡文學網》投稿詩區版主群 www.pon99.net/2.htm，和《壹詩歌文學論壇》〈衝浪派〉版主群 www.one-poetry.com/phpbb2，有個人新聞台〈 夢十三 〉
http://mypaper1.ttimes.com.tw/user/Faninsa777/index.html

心思飄浮遙遠的夏日

不安於室的心思
鴿子整天咕咕絮語
我的身子
像你離去後的屋子
有太多空的房間

你的話在我心
像蜜蜂在玫瑰花中
嗡嗡回響
懊悔一直沒能告訴你
我不可告人的情意

寂寞不知所措的手腳
伸展日子搖搖晃晃
我把裙角拉直
聽見葵花
一片散亂的聲音落地

放長假的子宮
像夏日空空洞洞
陽光在樹葉間嗡鳴
思念搖撼的槭樹
一天高過一天

心思飄浮遙遠

彷彿所有的樹葉一起
飛上天空
我聽到風帶著白雲
蕩蕩好幾百里

8/5/2003 七夕情人節紀念

附記：此詩靈感來自冰夕的詩作＜長假＞。

月光月光

夜色發亮的髮絲飄揚
我閉上眼睛，牙齒森白
咬住你細嫩雪白的頸子
歡快地吸吮，因為月色
因為月色上昇的血液

雪亮如刀，你的目光此時
掃過一排茉莉花香
一千朵吊鐘花睡在
月光空白的額頭，有些雪
有些雪冷白亮的意味

夜色迅速通過肉體
胸部熱氣騰騰，起伏劇烈
我攬住你的柳腰緊緊
晃動堅挺的乳房，像月亮
牽引體內的潮汐澎湃

子宮開放的山谷
暗暗散發迷魂的花香
像種子鬆動大地，我的手
伸入你的內部鬆綁
鬆綁打結的呼吸急促

露水打濕小鎮，潮溼的

131

街道和寂寞的巷弄
在心中不停顫抖
迷失的靈魂，月光月光
月光改變了我們一生

8/19/2003

秋意跌宕蜿蜒的時光

每一片黃葉飄落時
枝幹都黯然發出嘆息
樹木伸出枯枝的手
搖盪著天空
老鷹中斷自己的翱翔
像風箏斷線在飛

思念無法止息
河流漫漫蜿蜒入海
像一條魚閃閃發光
穿過樹林動蕩的秋聲
我慢慢走進自己
聽見了血液裡的濤聲

海鷗悠長低回的啼聲
掠過大海蕩漾
把他藏在記憶深處
像蚌孕育著珍珠
我曾在鷗鳥的翅膀上
看盡天涯的流雲四處飄飛

青春年華的全部馨香
都在他深情的吻裡
芬芳在記憶中漫漫消散
眼神閃着歡樂晶亮

我凝視着晚霞
身心像火焰一般顫慄

碩大月亮出來時
搖晃着銀色波浪的夢鄉
受驚的潮浪
發出清冷的光輝
夜色暗暗如浪起伏
願他在夢裡酣睡得黑甜

蛛絲在林中織出寧靜
瞳孔凝視的夜空
有夢遊的味道茫然
他發亮的眼睛在腦海顯現
月光漫漫走過
在身體打開記憶的缺口

月光在身上產生的變化
彷彿一條小路蜿蜒過心底
死者也許在輕輕低語
斑駁的石頭
不能解說冬天的來意
他在路的盡頭等我

10/16/2003

晨光拆閱的情歌

夢囈透露
夜有多麼深的祕密
王子和公主攜手離去
晨霧拆封的城市

幸福散開的時候
滿街都是晨光的味道
你煎好荷包蛋
開始又一天

我是黏稠的蛋黃
液狀的
在凝結不規則的蛋白裡
成為你生活的核心

10/26/2003

附記：

　　　　此詩靈感來自「壹詩歌」詩刊創刊號中林婉瑜的詩作
＜馴養手冊＞。年輕詩人的創作活力勁爆，作品激進創新。
的和創造力。淹沒在後浪澎湃洶湧之中，我這個過時的騷
客，在新世代的詩中，吸取養份，尋找靈感，冀望老幹還能
發出新枝。

春夢手記

淚曾經冲洗着夢境
春水汪汪的眼光
懷想著海洋的浪花
夜滑了下來
從黑睫毛慵慵懶懶

潮汐輕輕喧嘩
目光在身上產生的變化
像細浪輕吻著沙灘柔軟
家鄉的小河
在身上留下泉音清亮

岩穴淌流的水聲裡
杜鵑佈滿枝頭
像夜空覆蓋著海洋
星星停泊在我
春水漲滿的池塘

星子的泡沫生生滅滅
我是夜色注滿的空杯
你是一根吸管
風從峽谷裡吹出來
飄蕩著茉莉花香

一條河緩緩延伸着光

在星星消失的地方
蟲聲斷斷續續
隔夜的春雨滴漏
濕答答的夢幻

11/07/2003

天堂之歌

雙腿赤裸裸分開了夜
戀火好比愛的禁果
過於成熟的果子
散發出欲望腐爛的氣息
花香四散的樂園裡
蛇穿過崩潰的黑暗喧嘩
歡樂的淚水洩決
傾斜大海向另一個方向

動搖的海像動搖的女人
血液翻滾著潮汐
精子游過洪荒的峽谷
戀火深陷的大地
比地獄下陷的還深
血絲布滿燒紅的雙眼
在死亡回盪激情的聲音裡
燃燒的肉體解放了黑暗

蘋果自身的光亮
私自隱藏著太陽的秘密
大清早勃起的公雞
雄糾糾昂首啼叫
羞紅的裙子掀翻了夜
潮溼的天空在心中顫抖
上帝幽幽的長嘆裡

我們爬上彩虹的頂端

連禱告也不能說出
語詞就是背叛
花瓣迎著春風歌唱
一條蛇在春光裡迷失
我們纏綿的身影
和天空傾倒的雲彩繽紛
變化著周遭環境
和樂園不可挽留的時光

陽光穿過歡樂的肉體
葉子脫離枝幹
種子脫離腐爛的果實
在大自然的節奏裡
死亡肥沃了土壤
在火焰喜極而泣的紅塵
迷失的靈魂總會
找到再生的天堂

11/11/2003

附記：
　　此詩曾貼在各詩網站，好不容易獲得顏艾琳和一些詩
友的批評指正，遂多次修訂如上。原詩和修改面貌還留在喜
菡文學網文學論壇 www.pon99.net

如果春光還能留下

像臨窗的青青楊柳
風一吹過
我的心變得幽暗
在寂寞空白的邊緣
心裡恍恍忽忽
不知道思念著什麼

花枝舒展著雙手
聽到春光輕輕敲打著窗
鏡子裸露出
少女隱密的心事
用一生的激情和氣力
我喊出你的名字

暖暖陽光照拂臉上
像你手指溫柔的撫觸
不經意的春風
翻閱杜鵑盛開的花瓣
歲月在花叢裡迷失
找不到歸途

一隻雁子過境的飛翔
帶動了整座天空
陽光和樹影相互依靠
看浮雲蕩蕩千里

我的心思到處游移
像蝴蝶飄飄忽忽

鏡子不曾闔眼
隔著多年的時光
和另一個女人默默對視
髮絲細細糾纏
風一吹就散的柳絲
留下了些許嘆息

我的心像臨窗的楊柳
杜鵑依舊開滿枝頭
鏡子使周圍的寂靜發亮
如果春光還能留下
你深情說過的話語
再也不能記起

12/04/2003

附記：
　　　看冰夕的詩，靈感常常有如神助，洶洶如泉水噴湧。
昨天在我的個人新聞台「花城故事」看到冰夕的留言，遂前
往新聞台「夢十三」，看到冰夕的新作＜如果還能留下些許
想像溫柔的風＞，又有感慨莫名，詩思墜入夢中，一小時
刻，竟成此詩。

141

春天之歌

春風搖晃著鳥聲
鳥聲搖晃著花朵
我隨意攤開自己
像攤開一本精裝書
讓你隨意翻閱
像春風翻閱杜鵑的花瓣

風因爲白雲而吹
鳥因爲天空而飛
春光明媚的肉體
朵朵充盈飽滿的愛
心鼓脹如花
迸發出藍天明亮的光芒

草徑上花香撲鼻
百花縱情盡性的開
陽光燃燒著春光氣味
麻雀四下跳躍
好像知道我們剛剛
說過的秘語綿綿

蝴蝶盪開春風
花兒開得不能再開
你眼睛裡熱情的光芒
將時光的空隙填滿

我聽見一條河
在體內奔流響亮

12/09/2003

變調的春天

薔薇一朵朵如蝴蝶燃燒
在心神怒放的地方
你的目光灼燙著我的肌膚
繁花如夢的公園裡
「請勿踐踏」牌子直接豎起
草地上沒有驟響蟲聲

我的身體像座鐘
鐘聲瀰漫著廣場空蕩蕩
乳房像高高教堂倒塌
掀起紅塵中十里的煙霧
一輛超速的汽車急駛而過
後視鏡裡消失了青春

你觸摸的雙手變出
長滿青苔的石堆
一條河在身邊慢慢流淌
我像飄落的花瓣變成了泥土
不斷啁啾的麻雀知曉
春天壓根沒有發生

12/09/2003

春夜不眠的人知道

鑰匙和鎖孔的私語
像露水瞬間晶瑩
打開通往深夜的門
呼喚遙遙傳來地震的回響
群峰奔月

風在森林中奔跑
小鳥振翅飛出牢籠
一根繩子橫接半夜
衣服空蕩蕩披展開來
晾高後院

一條河流隱秘
穿過沼澤沉埋的夜空
全身毛孔都張開汗珠光芒
大腿放縱的月光四散
走失夢境

黑眼圈不肯放鬆月色
盲人習慣於暗地的幽冥
在毛髮叢林中遊蕩
夜色勃起的一根柺杖
引導星子

舌頭包容了河的兩岸

在兩個白晝之間
白晰的長腿夾住一個夜
蟲子調亮嘶鳴的高音
繃緊琴弦

溼淋淋月光呻吟的水面
音樂漂來漂去
洞穿了蕩然出神的魂魄
一把陽傘淌著光陰的水滴
押下尾韻

水聲獨自泛白
月亮西落的心事只有
春夜不眠的人知道
忘了關緊的龍頭滴漏一地
滑倒相思

3/11/2004

異性書寫：從閨怨詩到情色詩

男性書寫的閨怨詩

傳統的閨怨詩常是男詩人以女性的口吻寫出，敘述的視角從女性的角度開展，傳達出女子對於愛情的執著與期待，乏人憐愛的寂寞苦悶，和失望失寵的哀怨自憐的心理。唐詩中最膾炙人口的三首閨怨詩，有李白的＜玉階怨＞：

> 玉階生白露，夜久侵羅襪。卻下水晶帘，玲瓏望秋月

王昌齡的＜閨怨＞：

> 閨中少婦不知愁，春日凝妝上翠樓。
> 忽見陌頭楊柳色，悔教夫婿覓封侯。

金昌緒的＜春怨＞：

> 打起黃鶯兒，莫教枝上啼，啼時驚妾夢，不得到遼西

白居易的＜后宮詞＞描摹宮女失寵的心理，也是一種閨怨：

> 淚濕羅巾夢不成，夜深前殿按歌聲。
> 紅顏未老恩先斷，斜倚薰籠坐到明。

除閨怨詩外，歷代舊詩詞還有許多女性發音的，如王建的＜新嫁娘＞：

> 三日入廚下，洗手作羹湯。未諳姑食性，先遣小姑嘗

溫庭筠的＜夢江南＞：

> 梳洗罷，獨倚望江樓。過盡千帆皆不是，
> 斜暉脈脈水悠悠，腸斷白蘋洲。

晚唐朱慶餘的＜閨意＞，一作＜閨意獻張水部＞，另有標題為＜近試上張籍水部＞：

> 洞房昨夜停紅燭，待曉堂前拜舅姑。

妝罷低聲問夫婿，畫眉深淺入時無？
詩人以新嫁娘自比，借閨意以喻試場，真切描摹了臨考前的
惴恐不安的心情。若不知此詩和考官的關係，會認定爲一首
徹頭徹尾的閨情詩。若將此詩去頭去尾，變成五言絕句，則
詩意丕變，妙不可言：

洞房昨夜停，待曉堂前拜。低聲問夫婿，深淺入時無
晚唐秦韜玉的＜貧女＞借貧女自比，表達懷才不遇的哀怨：

蓬女未識綺羅香，擬託良媒益自傷。
誰愛風流高格調，共憐時世儉梳妝。
敢將十指誇針巧，不把雙眉鬥畫長。
苦恨年年壓金線，爲他人作嫁衣裳。

　　台灣民謠和閨怨詩很類似，歌詞大都是男作家寫的，卻
多以女性的口吻唱出，如望春風、雨夜花、三聲無奈，還有
許多哀怨的悲歌，如心酸酸、望你早歸、春花望露和孤戀
花。然而現代詩壇上卻極少有男詩人寫出以女性發音的閨怨
詩，據我所知只有傅敏的＜遺物＞和我的＜閨思＞。我的詩
融合了古典意境的傳統愛情思維：

雞聲啼破春夢時／朝陽照亮遠山青峰／他的面前是／
金光閃閃的大道／通往長安／／
長安飛回雁子時／明月照亮窗前垂柳／我的眼前是／
深閨閉鎖的秋夜／通往夢鄉
現代女詩人寫了不少現代閨閣的情詩，和女性書寫的情色
詩，但極少有以男性爲敘述視角的作品。

女性書寫

　　父權制度視女人為財產和發洩性欲的對象，在性與身體等方面，一直剝削女性，對女性身體侵略式的占有與迫害。傳統上我們將女性的身體物化，甚至商品化，做為性欲的刺激物。女性一直在社會中居次要地位，被要求三從四德，被降為取悅男人的性對象，無論在性行為或生育方面都遭到剝削。甚至在語言文字上也遭到剝削。語言就是權力，像國人的髒話常常問候對方的母親，反映出語言的使用往往涉及權力的運作。

　　女性書寫也稱為陰性書寫，是針對男性書寫的反動，要求女性自主，企圖顛覆解構父權制度的傳統，反抗父權的剝削與宰制。女性書寫認為女性的創造和她的身體有關，女性應脫離父系的語言，創造自己的語言跟文體。書寫女性的身體情欲，表現女性主動的追求愛戀，表達情欲，反抗傳統父權社會的價值觀。女性書寫的新詩常有大膽的性描寫，正視與呈現女性情欲，牽涉情欲的解放和女體的書寫，充滿新女性觀點的自覺。女性主義的文學批評則主張以女性讀者為中心，重新閱讀男性作家作品，發掘女性形象被扭曲及物化的事實，以及男性文學批評對女性的忽略與誤解。以新的女性批評角度來重新閱讀，使我們醒悟其中的性別歧視。

　　臺灣社會遲至七十年代才有女性運動的覺醒，到八十年代女性主義才蔚然勃興，情欲的解放則要等到九十年代才蔚為潮流。一九九八年江文瑜發起組成女鯨詩社，聚合知名的女詩人，開展提倡女性書寫和女性詩學。一九九九年陳義芝

出版《從半裸到全開》，開啓臺灣女性主義詩學的先聲。二千年女書文化公司出版一系列女性作品，包括李元貞的《女性詩學：臺灣現代女詩人集體研究》和李元貞主編的《紅得發紫：臺灣現代女性詩選》。

情色詩

　　所謂情色詩就是詩的主題關注於男歡女愛的情欲。情色艷詞自古有之，且多有反扮女聲的，如李煜的＜菩薩蠻＞香艷十分：

　　　　花明月黯籠輕霧，今霄好向郎邊去。衩襪步香階，
　　　　手提金縷鞋。畫堂南畔見，一向偎人顫。
　　　　奴為出來難，教君恣意憐。

關漢卿的＜一半兒曲＞：

　　　　碧紗窗外悄無人／跪在床前忙要親／罵你負心回轉身
　　　　／雖是我話兒嗔／一半兒推辭／一半兒肯

無名氏的＜浣溪紗＞可直追露滴牡丹開的西廂記：

　　　　燈影花光耀錦屏／翠幃深處可憐生／桃花著雨不勝／
　　　　偷窺已成心可可／含羞未便囑輕輕／牙根時咬一聲鸞

宋朝圜悟克勤禪師甚至用情色詩來證道：

　　　　金鴨香消錦繡幃／笙歌叢裡醉扶歸／少年一段風流／
　　　　只許佳人獨自知

　　我最早看到的情色詩是七十年代余光中的＜鶴嘴鋤＞，詩中挖呀挖得出水出汗，在黑礦坑裡開採女性的身體，被陳鼓應嘲詆為誨淫誨色。當年陳鼓應批判的小紅書《這樣的詩人余光中》，封面是一個姆指從中突出的拳頭，賣得十分火

旺，比余光中的詩集還要暢銷大賣。當年臺灣嚴格控制下的社會比較閉塞，看這種罵不絕口痛快的書，也算是一種娛樂和享受。＜鶴嘴鋤＞一詩有可能是新詩有史以來的第一首情色詩。除了余光中外，楊牧也寫了一些涉及情色的詩，如＜十二星象練習曲＞，詩中性意象繁美繽紛。當年在大學詩社裡有女生頗欣賞此詩，卻不曉其中性的意象，我當時色膽很小，也不好意思點破。羅門的情色描繪就十分直接了當，如＜聯想中的光景＞和＜咖啡廳＞：

　　　　一排胸罩／排好一排乳房……一排乳房／排好一排浪

洛夫的＜和你和我和蠟燭＞也是開門見山：

　　　　用我的鑰匙／開你的房門／用你的火／點我的蠟燭／
　　　　蠟燭，摟著夜餵奶／夜胖了／而蠟燭在瘦下去／
　　　　再瘦，也沒有我自你房中退出／那麼瘦

蠟燭在現代詩中代表男性性器官，在古代卻不是這麼回事，如王融的五言古詩：

　　　　自君之出矣，金鑪香不然。思君如明燭，中宵空自煎
　　　　自君之出矣，明鏡暗不治。思君如流水，何有窮已時

早年顏元叔和葉嘉瑩論及此詩時，用銀樣蠟槍頭來詮釋，被洛夫罵為不尊重女士。如今女學者文章和言談中直呼男女性器之名，已篡奪男性掌控語言的霸權，掌握情欲的自主權。陳千武很早就有首很好的情色詩＜髭子＞，卻無人理睬：

　　　　新的鍋子已經變成紫黑色了。／用棕刷子磨擦的事，
　　　　／慾求光澤潤生的事，／有時候她想得很需要。

中生代詩人陳黎的陰莖書寫＜陰影之歌＞中，勃起陽具的燈塔：

　　　　死亡，我曾經進入你的臥室／瞥見你燦爛的裸體／
　　　　你兩股間秘密迴盪的聲音／如蜂蜜滴在我膽怯的性器

151

／讓它勃起／勃起如陰影之塔

　　隨著臺灣社會開放和多元化，九十年代情色詩和小說紛紛出籠上櫃，令人歎爲觀止。社會男女性觀念的進步如同民主政治的飛躍，可謂超英趕美，美國相較之下，反而保守多了。女詩人在詩中揭露情欲的大膽，比起男詩人只有過之而無不及。夏宇的＜某些雙人舞＞用「恰恰」的舞步顛覆了傳統禮教的床塌：

> 在黃昏的窗口／游蕩的心彼此窺探恰恰／他在上面冷淡的擺動恰恰恰／以延長所謂"時間"恰恰／我的震蕩教徒／她甜蜜地說／她喜歡這個游戲恰恰恰／她喜歡極了恰恰

顏艾琳的＜淫時之月＞反諷挪揄了陽物的鄉愁：

> 骯髒而淫穢的橘月升起了。／／在吸滿了太陽的精光氣色之後／她以淺淺的下弦／微笑地，／舔著雲朵／舔著勃起的高樓／舔著矗立的山勢／／以她挑逗的唇勾，／撩起所有陽物的鄉愁

一九九八年江文瑜出版一本充滿經血氣味的女性主義詩集《男人的乳頭》，其中有不少情色之作，以＜一首以呼叫來朗誦的打油詩＞的色質最濃，用 Ｂ Ｂ call 扣緊女人乳房性器，應是所有情色詩的冠軍。

異性書寫

　　異性書寫就是男女角色互換，在作品中以異性來發聲敘述，題材不限於愛情和情欲。異性書寫自古有之，屈原在《楚辭》中以美人香草自比，表達自己的忠誠，冀求君王的

眷顧。傳統男性寫的閨情閨怨詩具有女性婉約的文風，也是一種異性書寫，雖然傳達著傳統婦女依附男性的價值理念。現代情色詩常見男性反串的異性書寫，反叛父權社會對女性情欲的鎮壓。例如渡也的異性書寫＜處女膜整型＞反諷女性性器官物化為商品：

> 這美麗的薄膜／我從婦科醫院買來／一張兩千／今夜就轉賣給你吧／一張四千／這世上最薄的一張／証書／能說出我一生的貞潔

陳克華一九九五年出版的詩集《欠砍頭詩》，有不少驚世駭俗的情色書寫，衝擊傳統道德的規範和框架，如＜婚禮留言＞中將婚姻顛覆成性交易：

> 我的至愛／今日我從你手中接過你贈與的指環／所值不貲／我將因此賦予／你合法使用我的屄的權利／／你將餵食我以中餐西餐日本料理／韓國泡菜港式點心法國晚餐／當然，還有你的陰莖和精液／你的腳趾和體毛／你的性病和菜花

另外＜肛交之必要＞則顛覆正常性愛的功能和意義。集中另有少的異性書寫，如＜我愛國父＞、＜讓我流血＞、＜風塵花蓮＞。一九九九年時報出版社出版焦桐的《完全壯陽食譜》，將食譜寫成情色詩，解構了壯陽的政治文化，頗具前衛實驗性質。而黃智溶的＜那一個人＞則是雌雄同體的變性書寫，以雙性戀徹底瓦解了傳統異性戀的愛情觀：

> 那一個人　竟然／同時愛上了我們夫妻二人／既仰慕我的才德／又迷戀我妻子的姿色／／那一個人　竟然／同時愛上了我們夫妻二人／既仰慕我的才德／又迷戀我丈夫的姿色／／那個人／既是男人／又是女人

傳統戲劇常有男的反串女生，近代最出名的當屬梅蘭芳。而現代戲劇中女的反串男生爲多，如扮演梁山伯的凌波和演歌仔戲的楊麗花都是佼佼者。現代詩壇上女詩人情色書寫的表現不遜於男詩人，然而很少見到以男性視角發聲的女詩人作品。少數的例子有零雨的＜伍子胥日記＞；曾淑美的＜如夢令＞，以男子口吻來展現女子的情與欲；和王麗華的＜這是自由的國度＞以當權者的口吻來嘲諷威權體制下的自由。

結語

吳爾芙說過：「每個人有一部分是男性成分，有一部分是女性成分。也許只有這種雌雄同體的潛力充分發揮，文學創作才會有更高境界的表現。」男女互換角色的異性書寫有助於陰陽互補，打破性別的局限，男女性別互相認同滲透，豐富雙性的寫作。男詩人的異性書寫應該不局限於純喫茶的情色，如能加重其他主題如戰爭、死亡、政治、宗教等，則可將情色的單薄轉爲深刻。例如許悔之的＜肉身＞和＜齋飯＞涉及宗教死亡和愛，格局體大思精，非一般閨怨或情色詩所能企及。而女詩人的異性書寫不僅僅是以男人方式說話而已，確實可以幫助詩人跳脫女性陰柔的性別局限，意識到男性自我中心的面貌，加強女人身份的認同，豐富女性自我的寫作潛能。而且有助於開放女性語言的空間，發展女性想像空間，滲透鬆動父權語言，更進一步掌握語言的權力。

意象間距的探討

　　詩的語言以**意象**語言為主，意象是詩中最基本的單位。詩著重於訴諸直覺，深具視覺效果的意象，使讀者體驗到具體事物，容易激起感性的共鳴。意象的安排和呈現可以啟動讀者的想像力，引發讀者的聯想，進而產生出美感。聯想的引發不只是意象本身，更來自於意象與意象之間的**距離**。意象之間的距離有大有小，讀者依據自己的經驗，發揮想像力來填補意象之間的空白鴻溝。意象間距愈近，愈容易理解，想像力愈容易躍過障礙。如果詩中語言邏輯太強，近乎散文，造成意象間距太短，則無法激發起讀者的想像力。反之，意象間距愈大，愈不容易理解掌握，想像力愈難躍過距離的障礙。如果意象間省去關連而鴻溝過大，讀者難以把握其間關係，聯想無法銜接起來，則形成詩的艱澀難懂。

　　意象與意象間的距離大小，可粗分為五類：散步距離、跨步距離、跳步距離、撐竿跳距離、沖天炮距離。本文就此五類來分析其優劣。

散步距離

　　詩中語言邏輯太強，意象間距離太短，讀者不須想像力，像散步的腳步即可跨過。這種散步距離也可稱為走步距離。過度的敘述性，形成意象間距太近，對想像力的引發造成沈重負擔。此類詩作近乎散文，過於平淡，很難產生美感。散文詩的詩句中常出現走步距離的意象群，補救之法是詩段之間的意象距離要加大，來產生驚奇效果，以免落為散文。明朗平淡易於理解感受，卻容易流於淺顯而無味，其困難度在於淡遠中見深沉。初學者常犯平淡無味之誤，許多成

名作家也是如此。詩人張錯的「檳榔花」和西西的「西西詩集」可爲代表。

　　台灣詩壇統領風騷的是用意象語句寫詩。漂亮的意象容易提振全篇，免得落成面目模糊不清。用日常敘述用語入詩，語句平滑，意象平常，易流於平淡無味。明朗易讀的詩多的是矯揉造作和濫調陳腔。明朗平淡易於理解感受，卻容易流於淺顯而無味，其困難度在於淡遠中見深沉。淡而有味是很難到位的，要求在於對事物要有新的看法，或是新的講法。像宋詩就是比唐詩平淡，要像楊萬里或陶淵明那樣自然而高妙，是比意象語句的詩風還要難上加難。詩人方明的詩作就可以看到這種困難度。

跨步距離
　　意象間的距離較走步大，需要少許想像力大步跨過，就是跨步距離。如果詩行內加上語調的音樂性，跨步距離也可稱爲舞步距離，距離短些是慢舞，距離大些是快舞。音樂性語調可沖掉散文的平淡，加大意象間的抑揚頓挫。詩學訓練較少的讀者，比較容易欣賞此類詩作。余光中的詩作可爲代表。

跳步距離
　　意象間距加大，需耗用較大想像力，才能跳過意象間的鴻溝。讀者需要較多的文學訓練，才能欣賞此類作品。這種跳步距離也可稱爲躍步距離。洛夫的作品可爲代表。

撐竿跳距離

　　深刻複雜的情感或觀念很可能是不清晰的，或無法確認的。用文字來探究這種晦澀性和不確定性，也是有其必要的。反而清晰明朗可能是一種簡化和淺薄。用紛雜鬆散的意象，寫成破碎的詩。破碎的意象來表達現代人支離破碎的心靈圖象和物化游離的精神狀態。意象間距拉大，可以救濟「明朗」和「準確」之弊。然而過之則陷於晦澀而虛無的危險。意象間的距離大到撐竿跳距離，則近於晦澀，想像力不夠的讀者躍不過去，常會摔倒跌死。此類詩作驚奇多於美感，不易有好詩出現，即便是詩人或詩評家也較難理解掌握此類詩作。北島近期的作品可為代表。

沖天炮距離

　　意象間距如天馬行空，沖天炮亂射，缺乏邏輯關連。讓讀者的想像力無法接續，如丈二金剛摸不著頭腦。詩中聯想的無規律跳躍，無關意象的綴連，無意義的隨機安排，像是破碎布片的拼貼，造成零碎割裂的印象。詩篇中詩句可隨意掉換，看不出有何差別，內容支離破碎，缺少邏輯線索可尋，很難產生經驗的傳達。這類作品意象繽紛，景物焦點繁多，卻不明確統一，可說是只有驚訝，沒有美感，極不可能有好詩出現。

　　許多號稱後現代風格的詩可為代表。如布靈奇的詩集「我和我破碎的詩」，有幾首詩作吉光片羽，七寶樓臺拆散不成片斷。片段不完整的經驗，超越理解，只能憑感覺摸索。在片斷中尋找可能的線索，很難確切掌握詩中傳達的訊

息。詩人給了感覺和暗示,然而斷裂與曖昧的語義,很難說服讀者全詩每一行間都有其不得不然的必要。。

結論

　　詩行內除了意象的剪接安排,也要考量其他方面,如字詞的選擇、語調的音樂性、音節的快慢長短、空白的停頓效果等等。過於著重意象,而不講究句法和結構,易流於有句而無篇。虛爲抽象觀念,實爲具體景物,意象的虛實如何相輔相成。意象的安排如何有機統合,意象的營造如何配合主題,以呈顯意境,在在都與意象間距有關。

　　一般而言,意象與意象間的距離宜以跨步距離或跳步距離爲準。詩行中的意象間距若是跨步,詩段間則宜用跳步距離,以加大詩段間的想像空間。詩行中的意象間距是跳步,詩段間則宜用撐竿跳距離。沖天炮距離的意象雖不足取法,卻可擴大讀者對詩的認識和視野。余光中晚近的詩,意象疊床架屋過於集中,顯得侷促狹礙。我自己的詩風手法,在多年不斷重覆下,一直未能擴展突破,也漸有此弊。我對北島近年來的詩作,一直嗤之以鼻,不以爲然。對新世代不知所云的網路詩更是痛心疾首。直到看了詩人布靈奇的新詩,才感嘆詩也可以這樣寫,天馬行空隨興所至。學不來新把戲的老狗受到啓發後,我嘗試加大詩中意象的間距,大到撐竿跳距離,讓詩獲致不定多義性和有餘味,效果還不錯。感謝布靈奇和新世代的詩人,他們破碎的詩讓我的詩風有所變化突破。

台灣詩學季刊 36 期,2001 年 9 月